Thomas Müller/Norbert Matejek (Hg.)

Ätiopathogenese psychotischer Erkrankungen

Mit 1 Abbildung

Vandenhoeck & Ruprecht
in Göttingen

Inhalt

Editorial 7

■ THEORIE-FORUM

Stavros Mentzos
Die »endogenen« Psychosen als die
Psychosomatosen des Gehirns 13

Evelyne Steimer-Krause
Ein Beitrag emotionspsychologischer und
entwicklungspsychologischer Forschung
zum Verständnis schizophrener Erkrankungen 34

Annette Streeck-Fischer
Psychose und Trauma – Verrückungen als Traumafolge ... 48

■ KLINISCHES FORUM

Alexander Behringer/Elisabeth Aebi
»Sie haben mir die Psychose genommen« –
Auf dem Weg in die Welt der Objekte 71

Hans-Rudolf Schneider
Gemeinsame Chronifizierung? 83

Klaus Wilde
Kommentar zu »Gemeinsame Chronifizierung?« 87

■ INFORMATIONEN

Rezension 91
Die letzte Seite 94
Die Autorinnen und Autoren 96

Editorial

Nach der Aufbruchstimmung der vierziger und fünziger Jahre war es um die psychoanalytische Psychosentherapie stillgeworden. Die neuentwickelten Psychopharmaka hatten Heilung der Geisteskrankheiten in Aussicht gestellt, und die Psychiatrie war damit zur veritablen Wissenschaft vom menschlichen Gehirn avanciert, die fortan für sämtliche psychotische Erkrankungen sich zuständig erklärte. Im vergangenen Jahrzehnt konnten wir allerdings ein wiedererwachtes Interesse der Psychoanalyse an den psychotischen Erkrankungen feststellen.

Verschiedene Gründe mögen für diese Entwicklung verantwortlich sein. Zum einen weist die überwiegende Anzahl aller klinisch-empirischen Therapiestudien nach, daß die Kombination von Psychotherapie und Psychopharmaka der bloßen biochemischen Behandlung weit überlegen ist. Zum anderen zeigen viele Untersuchungen, daß die Stärke der pharmakologischen Behandlung vor allem in der Reduktion der akuten produktiven Symptome liegt, während für die mittelfristige und Langzeitbehandlung die therapeutischen Erfolge ernüchternd sind. In neueren empirischen Psychotherapiestudien konnte der therapeutische Nihilismus hinsichtlich psychotischer Erkrankungen, der als Reaktion auf die Idealisierungen und Mystifikationen der Pionierzeit entstanden war, widerlegt werden. Diese Untersuchungen führen den Nachweis, daß auch chronisch kranke psychotische Patienten einer kombinierten, modifizierten psychoanalytischen Behandlung zugänglich waren – eine Bestätigung der klinischen Erfahrung vieler methodisch nicht kontrollierter Einzelfalldarstellungen. Die Pioniere der psychoanalytischen Psychosentherapie haben in der kleinianischen Schule sowie in der Ich-Psychologie Nachfolger gefunden. Sie vertieften nicht nur unser Verständnis für Struktur, Dynamik und Psychogenese der psychotischen Erkrankungen, sondern versuchten die klinische Theorie und Technik über die Psychosen in das jeweilige psychoanalytische Theoriekorpus zu integrieren. Im Zusammenhang damit steht die Tatsache, daß die Beschäftigung der Psychoanalyse in den drei zurückliegenden Jahrzehnten mit den »frühen Störungen«, besonders den narzißtischen und Borderline-Persönlichkeitsstörungen, Psychosomatosen sowie Perversionen das Ergebnis hervorbrachte, daß in ihrer Behandlung nicht nur häufig »mikropsychotische« Übertragungen auftraten, sondern daß diese »frühen Störungen« um so besser zu verstehen waren, je umfassender die psychotischen Phänomene in der Übertragung durchgearbeitet werden konnten.

Ein weiterer Grund mag interdisziplinärer Natur sein und beispielsweise in der Entwicklung der Traumatheorie (Streeck-Fischer, in diesem Band) sowie der Emotionspsychologie (Steimer-Krause, in diesem Band) liegen. Deren Ergebnisse stützen die psychoanalytische Annahme über die Psychogenese der psychotischen Erkrankungen, wenn sie übereinstimmend auf die existentielle Bedeutung der primären Objekterfahrungen und deren Verarbeitung hinweisen. Sie veranschaulichen, daß Störungen in den frühen zwischenmenschlichen Beziehungen, wie etwa ein für die subjektiven Bedürfnisse des Säuglings nicht ausreichendes Containing und Holding oder aber die verminderte Möglichkeit auf seiten des Kindes, die Objektangebote aufzunehmen, zu schwerwiegenden Einschränkungen des gesamten Mentalisierungs- und Individuationsprozesses führen. Aber auch das Wachstum und die Differenzierung der Hirnmorphologie und der Hirnfunktionen werden massiv beeinträchtigt. Diese psychosomatischen Zusammenhänge berühren einen letzten Grund, der für das neuerliche Interesse der Psychoanalyse an den psychotischen Erkrankungen verantwortlich sein mag: Der immense Wissenszuwachs in den Neurowissenschaften. Zwar können deren Befunde nicht den Maßstab setzten, an dem sich psychoanalytische Theorien bestätigen oder verwerfen lassen. Bleibt man sich aber des grundsätzlichen Unterschieds hinsichtlich des Untersuchungsgegenstands und der Forschungsmethodik eingedenk, nimmt die Arbeit des Übersetzens in die jeweils andere Wissenschaftssprache auf sich und widersteht der Versuchung eines voreiligen Reduktionismus, halten diese Nachbardisziplinen für den empirisch wie klinisch forschenden Psychoanalytiker viele interessante Anregungen bereit.

Die neunziger Jahre galten als das »Jahrzehnt des Gehirns«. In der Tat haben Neurobiologie, Biochemie und Genetik durch den Einsatz modernster Elektronik zu einem beeindruckenden Zuwachs unserer Kenntnisse über die Hirnphysiologie, -morphologie und -biochemie geführt. Das Ziel dieser Disziplinen besteht darin, die somatischen Ursachen für die psychischen Phänomene und Psychopathologien zu untersuchen. Allerdings beginnt sich eine bemerkenswerte Entwicklung abzuzeichnen; denn die Einblicke in die somatischen Ursachen der psychischen Phänomene erzwingen eine grundlegende Erweiterung der Forschungsstrategie: Immer häufiger stellt sich die Frage nach den psychischen Bedingungen solcher organischer Ursachen, und konsequenterweise beschäftigt sich eine Reihe von Neurowissenschaftlern in den letzten Jahren zunehmend mit der Frage des wechsel- und nicht mehr einseitigen Zusammenspiels zwischen Gehirnstrukturen und psychischen Phänomenen. Ein wesentliches Ergebnis der Neurowissenschaften lautet denn auch, daß mentale Aktivitäten zwar das Resultat neuronaler Verschaltungen im Gehirn darstellen; welche Verschaltungen aber aus der Unzahl ihrer Möglichkeiten tatsächlich stattfinden, ist ebenso abhängig von der je subjektiven Erfahrung in zwischenmenschlichen Beziehungen wie die Stärke der Verschaltungen selbst; in letzter Zeit wurde sogar die Vermutung geäußert, daß selbst die Zahl der Neuronen durch Erfahrungen beeinflußt wird. Diese Prozesse setzen bereits intrauterin ein und erstrecken sich über die gesamte Lebensspanne. Bei diesen Ergebnissen handelt es sich nicht um theoretische Konstrukte, sondern um empirische mittels PET, MRT und SPECT in vivo nachgewiesene Vorgänge. Daraus folgt, daß aufgrund von zwischenmenschlichen Erfahrungen und deren subjektiver Verarbeitung synaptische Verbindungen mittels biochemischer Prozesse selektiv gestärkt oder geschwächt werden. In diesem Zusammenhang sind die Untersuchungen von Tienari erwähnenswert. Er kann diese Befunde aus Sicht der Adoptionsforschung bestätigen und zeigen, daß positive Objekterfahrungen einen protektiven Faktor für genetisch zur Schizophrenie disponierte Menschen darstellen können und umgekehrt genetisch unbelastete Kinder in schwer gestörten Adoptionsfamilien psychotisch dekompensieren können. In Untersuchungen an Kindern depressiver Mütter wurden diese Befunde auch von der kognitiven Entwicklungspsychologie gestützt. Die Ergebnisse der Neurobiologie finden auch Bestätigung in der biologischen Depressionsforschung, die nachgewiesen hat, daß Trennungserfahrungen Veränderungen am neurobiologischen Substrat verursachen und erlerntes Verhalten eine genetische Komponente hat. Auch jüngste Untersuchungen über die Auswirkungen sozialer Isolation zeigten, daß zwischenmenschliche Erfahrungen den Gehirnstoffwechsel nachhaltig und pathogen verändern können. Durch intensive Rezeption dieser Ergebnisse in der Psychoanalyse verfügen wir inzwischen über interessante Arbeitsmodelle zur Integration der somatopsychischen-psychosomatischen Interaktion (Mentzos, in diesem Band). Diese Modelle zeigen im Detail nicht nur daß, sondern auch wie genau die Verschränkung von seelischen und somatischen Prozessen zu konzipieren ist. Sie helfen die leidige Henne-Ei-Sackgasse hinsichtlich der Ätiopathogenese (Diathese–Stress, Anlage–Umwelt) auf einer Ebene der dynamischen Interaktion aufzuheben.

Im Klinischen Forum stellen Alexander Behringer und Hans-Rudolf Schneider (Elisabeth Aebi und Klaus Wilde mit Kommentar) die therapeutische Arbeit mit psychotischen Patienten vor. Die Autoren lassen den Leser am häufig mühsamen Weg der psychischen Individuation ihrer Patienten teilnehmen. Dabei kommt im Titel-Zitat der Patientin von Behringer (»Sie haben mir die Psychose genommen«) zum Ausdruck, worauf Searles in seinen Schriften über schizophrene Psychosen immer wieder hingewiesen hat, was aber auch aus der analytischen Behandlung nichtpsychotischer Patienten bekannt ist, weil es vielleicht ein Merkmal aller psychoanalytischen Arbeit ist: Der Patient – und Searles besteht darauf: auch der Analytiker – empfindet die Linderung/ Heilung des Symptoms als einen schmerzlichen Verlust. Dies gilt gerade für psychotische Patienten, weil jeder Schritt zur

Selbst-Objekt-Differenzierung eine konkret erlebte Todesangst vor dem Verlust eines »kohärenten«, wenn auch psychotischen Selbstgefühls provoziert. Beide Fallvignetten veranschaulichen auf bewegende Weise, daß psychotische Erkrankungen Teil der conditio humana sind, und zeigen wie tendenziös alle reduktionistischen Erklärungen sind, ist doch nach einem Wort von H. Weiner die Schizophrenie die menschlichste aller Erkrankungen, da sie betrifft, was den Menschen zum Menschen, zum animal symbolicon (Cassirer) macht: sein Denken und Fühlen, seine Sprache. Die klinischen Beiträge verdeutlichen zudem, wie entscheidend es für die therapeutische Arbeit ist, die Bedeutung der psychotischen Symptome und Verhaltensweisen in der Übertragung möglichst detailliert zu untersuchen. Vom klinischen Standpunkt ist dies noch wichtiger als die Frage nach ihrer psychogenetischen und biochemischen Entstehung. Die Vignetten legen dar, daß diese Untersuchung von den Patienten als sehr hilfreich erlebt wird und daß psychotische Strukturen in einer analytischen Therapie verändert werden können.

Die ausführliche Rezension von F. Schwarz über die von W. Loch noch zu seinen Lebzeiten auf den Weg gebrachte und von H. Hinz herausgegebene »Krankheitslehre der Psychoanalyse« beschließt den Band.

Thomas Müller
Norbert Matejek

■ THEORIE-FORUM

Stavros Mentzos

Die »endogenen« Psychosen als die Psychosomatosen des Gehirns

Somatopsychische Zusammenhänge

In den ersten Dreivierteln des 20. Jahrhunderts hat die biologische Forschung in der Psychiatrie vergebens nach dem somatischen Korrelat der damals »endogen« genannten Psychosen gesucht. Zwar sprachen die Ergebnisse der erbgenetischen Forschung, insbesondere auch die Zwillings- und Adoptivkinder-Untersuchungen, sowie die Universalität des Auftretens der Psychosen an allen Orten und zu allen Zeiten und schließlich auch – seit den fünfziger Jahren – die Erfolge der Psychopharmakologie dafür, daß mit dem psychotischen klinischen Bild korrespondierende somatische Prozesse existieren, dennoch war lange Zeit der konkrete Nachweis nicht zu erbringen. Sensationelle Mitteilungen über die angeblich endlich erfaßte biologische Ursache der Schizophrenie und der manisch-depressiven Erkrankungen wurden bei erneuten Untersuchungen nicht bestätigt und mußten bald dementiert und vergessen werden. Erst im letzten Viertel des vergangenen Jahrhunderts, und zwar seit der Einführung der bildgebenden Verfahren in der Hirnforschung, häuften sich die konkreten Hinweise für das Vorliegen solcher zerebralen Veränderungen, wenigstens bei einem Teil der Psychosen. Heute, nach dem Ende des »Jahrzehnts des Gehirns«, also der neunziger Jahre des 20. Jahrhunderts, wissen wir, daß bei einem großen Teil der an einer Schizophrenie leidenden Menschen (ähnliches gilt auch für die an affektiven Psychosen erkrankten Patienten) charakteristische Neurotransmitter-Konzentrationsveränderungen sogenannte Dysbalancen, in verschiedenen Gehirnarealen festzustellen sind oder daß wenigstens die Rezeptoren für diese Neurotransmitter bei Psychosen verändert sind. Darüber hinaus ist es möglich geworden, schon in vivo sowohl hirnstrukturelle Veränderungen, aber auch solche des Metabolismus des Gehirns festzustellen. Hinzukommen die erbgenetischen Studien. Insgesamt kann man die empirischen Befunde, die auf einen somatopsychischen Zusammenhang hinweisen, in drei Gruppen unterscheiden:

Erbgenetisch übertragbare Prädisposition

Die Zwillings- und die Adoptivkinder-Untersuchungen ergaben sowohl für die Schizophrenien als auch für die affektiven Psychosen deutliche Hinweise für einen erbgenetischen Faktor. Zwar sind die in der Literatur angegebenen Konkordanzraten bei monozygoten (70 % bei Schizophrenen, 50 % bei monopolaren und 80 % bei bipolaren depressiven Psychosen, Fritze 1999, S. 423; Berger 1999, S. 508) nach Meinung der Kritiker sehr wahrscheinlich überhöht, und auch zeigt die besonders differenzierte finnische Adoptivkinder-Untersuchung, daß in Wirklichkeit der Einfluß der Umgebung, in diesem Fall der adoptierenden Familie, bei weitem viel größer ist, als man angenommen hatte (vgl. detaillierte Darstellung bei Mentzos 1999b). Dennoch ist an der Bedeutung des erbgenetischen Faktors nicht zu zweifeln. Allerdings hängt die Manifestation der Erkrankung nicht direkt von einem oder mehreren Genen ab, sondern – wie weiter unten noch darzustellen ist – von dessen oder deren Expression (gene expression), die wiederum unter anderem erheblich von Lebenserfahrungen abhängig ist.

Biochemische und pharmakologische Befunde

Da die antipsychotische Wirkung der Neuroleptika mit der Blockade von D-2-Rezeptoren zusammenhängt, wird für produktivpsychotische Symptome eine mesolimbische dopaminerge Überaktivität angenommen. Für Minussymptome könnte eine Unteraktivität mesofrontokortikaler dopaminnerger Neurone verantwortlich sein. Der direkte Nachweis einer Störung der Neurotransmission bei der Schizophrenie ist bisher nicht gelungen. Möglicherweise sind Dysbalancen multipler Transmittersysteme entscheidend (Fritze 1999, S. 427).

Auch zu den affektiven Psychosen gibt es viele bedeutsame Befunde, jedoch noch nicht ein überzeugendes und abschlossenes Modell der somatischen Ätiopathogenese. »Zusammenfassend kann festgestellt werden, daß weder die klassische Monoaminmangel-Hypothese noch deren Ausweitung auf die Ebene der Rezeptoren und Second-Messenger-Mechanismen bislang die Anforderungen an ein allgemeingültiges biologisches Depressionsmodell erfüllen konnten. Auch die cholinerg-aminerge Imbalance-Theorie läßt sich aufgrund der komplexen mehrdimensionalen Verschaltung nur schwer objektivieren. Für die Zukunft dürfte die Erforschung intrazellurärer Mechanismen auf der Ebene der Second-Messenger der intrazellulären Kalziumhomöostase der Early-Onset-Gene und der Gen-Expression für die biologische Depressionsforschung von entscheidender Bedeutung sein« (Berger 1999, S. 511).

Hirnstrukturelle Veränderungen

Die früher von Huber pneumenzephalographisch festgestellten Vetrikelerweiterungen bei schizophrenen Menschen konnten insofern zum Teil von den späteren Untersuchungen mit den neuen bildgebenenden Verfahren (Computertomographie, Kernspintomographie, Positronen-Emissions-Tomographie (PET) und SPECT (Single-Proton-Emissions-Computer-Tomographie) zum Teil bestätigt werden, als man tatsächlich Erweiterungen der Liquorräume festgestellt hat, die übrigens unabhängig von Alter, Geschlecht, früherer therapeutischer Interventionen und sozioökonomischem Status waren. Diese Ventrikelerweiterung, die sehr wahrscheinlich auf eine Verminderung der periventrikulären Zelldichte beruht, entwickelt sich sehr wahrscheinlich nicht mit der Zeit, sie besteht bereits bei der Ersterkrankung und zeigt bei Verlaufsuntersuchungen wohl keine Progredienz (vgl. Fritze 1999, S. 427). Erweiterte Ventrikel wurden auch bei Verwandten mit erhöhtem

Erkrankungsrisiko beobachtet; der prospektive Nachweis, daß Nachkommen mit erweiterten Ventrikel auch tatsächlich gehäuft erkranken, steht allerdings aus. »In limbischen Regionen des Temporallappens sind Volumenminderungen der grauen Substanz mit ca. 15 % und Zellzahlminderungen des Hippocampus des Amygdaleums Parahippocampalis beschrieben, möglicherweise mit Linksbetonung« (Fritze, S. 427).

PET- und SPECT-CT-Studien zeigen, daß Minussymptome mit einer neuronalen Unteraktivität des Frontalhirns zusammenhängen. Diese Hypofrontalität gilt heute als ein ziemlich sicherer Befund, man kann aber auch nicht mit Sicherheit feststellen, ob es sich um eine primäre oder sekundäre Störung handelt.

Es fehlt hier der Platz, um auf die faszinierenden neuen Ergebnisse über die Unterschiede zwischen der rechten und der linken Hemisphäre in bezug auf Funktion, Reifungsprozesse zu verschiedenen Zeiten der Entwicklung und anderes mehr einzugehen. Es wird auf die zusammenfasende Schilderung bei Regina Pally (1998) hingewiesen. Auf jeden Fall erscheint es sehr wahrscheinlich, daß Bilateralität auch für die Schizophrenie von großer Relevanz ist (Pally, S. 274). Bei Schizophrenen vermutet man eine funktionelle Insuffizienz der rechten Hemisphäre (durch Kombination von biologischen und psychosozialen Einflüssen) sowie eine kompensatorische Hyperaktivität der linken Hemisphäre.

Psychosomatische Zusammenhänge

In erstaunlicher und unerwarteter Weise ergab nun die Hirnforschung der letzten Jahre nicht nur die oben skizzierten Hinweise für eine Somatogenese, sondern im gleichen, wenn nicht in größerem Maß auch Ergebnisse, die eindeutig für den umgekehrten, nämlich den psychosomatischen Zusammenhang sprechen.

Neuronale Plastizität

Es hat sich gezeigt, daß die neuronale Netzwerkstruktur funktionell, das bedeutet, in der Stärke der Signalübertragung an den Synapsen (Signalausbeute) *erfahrungsabhängig* veränderbar ist (vgl. Deneke 1999, S. 69). In einer Reihe von viel beachteten Experimenten an Affen wurde zunächst die neuronale Plastizität von Merzenich et al. (1983) demonstriert. Ähnliche Beobachtungen bei Menschen haben die erstaunliche Tatsache bestätigt, daß Nervenzellen und neuronale Systeme in ähnlicher Weise, wie es uns beim Muskelsystem bekannt ist, hypertrophieren oder atrophieren können, je nachdem ob sie funktionell beansprucht werden oder nicht. Die Repräsentation verschiedener Körperteile in den sensorischen und motorischen Arealen des Kortex hängt davon ab, ob diese Areale benutzt werden oder nicht, und ist somit auch abhängig von den speziellen Erfahrungen dieser Individuen. Der Neurophysiologe Kandel berichtet in einem sehr bedeutsamen Artikel über Biologie und die Zukunft der Psychoanalyse (1999), daß Edward Taub und seine Mitarbeiter die Gehirne von Musikern, die Streichinstrumente spielen, mit Hilfe von bildgebenden Verfahren untersucht haben. Dabei fanden sie deutliche Unterschiede zwischen den Gehirnen von Musikern und Nicht-Musikern. Insbesondere entdeckten sie, daß die kortikale Repräsentation der Finger der linken Hand (nicht aber der rechten Hand) bei den Musikern größer war (Kandel 1999, S. 518). Solche strukturellen Veränderungen werden im frühen Alter angelegt, so sei auch anzunehmen, daß Johann Sebastian Bach nicht nur deswegen ein großer Musiker wurde, weil er die richtigen Gene hatte, sondern weil er auch früh zu musizieren angefangen hatte. So fanden Taub und Kollegen heraus, daß Musiker, die ihr Instrument schon mit zwölf Jahren angefangen haben zu lernen, ein größeres Repräsentationsgebiet für die Finger der linken Hand aufweisen, als diejenigen, die später damit begonnen haben.

Solche und ähnliche Beobachtungen erscheinen mir sehr wichtig für die Frage, ob nicht partielle Atrophien von neuronalen Systemen auch sekundär entstehen und dadurch zum Beispiel zu der oben erwähnten Hypofrontalität führen können, zumal die in verschiedenen Beiträgen von mir dargestellten Circuli vitiosi in der

Schizophrenie sehr oft eine solche Inaktivität bestimmter Systeme implizieren (Minussymptomatik als Resultat einer restriktiven, »Gefahren« vermeidenden Haltung).

Es gibt aber offensichtlich auch andere Wege, auf denen es zu solchen Atrophien beziehungsweise Beeinträchtigungen von neuronalen Systemen kommt.

Akute oder chronische Glucokortikoide-Überproduktion im Rahmen einer Streßreaktion

Differenzierte Tierexperimente haben gezeigt, daß die frühe Trennung der Neugeborenen von der Mutter mit dem implizierten Verlust an Wärme, an Fütterung und taktiler Stimulation die Fähigkeit der Tiere, auf Streß zu reagieren, auf Dauer negativ beeinflußte. Es war schon früher bekannt, daß streßvolle Erfahrungen sowohl bei Menschen als auch bei Tieren die hypothalamisch-hypophysere Nebennierenachse (HPA: Hypothalamic-Pituitary-Adrenal-Achse) aktivieren mit dem Resultat der Überschüttung von Glukokortikoiden. In Verbindung mit der Ausschüttung von Katecholaminen durch das autonome Nervensystem ist die Ausschüttung von Glukokortikoiden für das Überleben im Fall von Streßsituationen sehr wichtig (vgl. Kandel 1999, S. 514). Bei den Experimenten aus jüngerer Zeit hat man die Frage gestellt, ob die Reaktion des HPA-Systems durch bestimmte *Erfahrungen* auf Dauer verändert werden kann. Tatsächlich fand man heraus, daß Trennungen vom Muttertier von auch nur einigen Minuten in den ersten zwei Wochen des Lebens normalerweise zu Reaktionen der kleinen Tiere geführt haben, die die Mutter veranlassen, eine besondere Fürsorge für die Jungen zu zeigen, mit dem Resultat, daß sie für den Rest ihres Lebens weniger angstvoll und vulnerabel in bezug auf streßbedingte Erkrankungen waren. Wenn umgekehrt die jungen Tiere über längere Zeit von der Mutter getrennt wurden (3 bis 6 Stunden täglich für 2 Wochen), so ignorierten die Mütter die jungen Tiere (Ratten), und letztere zeigten als erwachsene Tiere einen erhöhten ACTH- und Glukokortikoide-Spiegel im Plasma während Streßssituationen. Hier konnte also gezeigt werden, daß Interaktionen im frühen Alter bleibende und strukturell verankerte Folgen für die Streß-Reaktion des Individuums in der Zukunft haben.

Sich wiederholende Streßsituationen beim Erwachsenen mit den begleitenden Veränderungen im Blut führen zwar zu Atrophien von Neuronen im Hippocampus, die reversibel sind, sofern der Streß oder die Glukokortikoide-Exposition unterbrochen wird. Dagegen führen anhaltender Streß beziehungsweise erhöhte Glukokortikoide zu einem endgültigen Verlust von Hippocampus-Neuronen. Berücksichtigt man, daß gerade diese Hirnstruktur bei dem deklarativen Gedächtnis, also dem potentiell verbalisierbaren Gedächtnis, involviert ist, so versteht man, welche überragende Bedeutung diese Befunde beim Verständnis der Dynamik der posttraumatischen Belastungsstörung haben. Bremner und Mitarbeiter (1995) haben die Ergebnisse einer Untersuchung veröffentlicht, bei der das Volumen des Hippocampus bei 26 Vietnamveteranen, die an einer ausgeprägten posttraumatischen Streßstörung litten, mit MRI (Magnetic Resonance Imaging) gemessen wurde. Diese Untersuchung wurde durch schon seit Jahren bekannte empirische Ergebnisse angeregt, wonach es bei Affen unter extremem Streß nicht nur zu einer stark vermehrten Ausscheidung von Glukokortikoiden, sondern gleichzeitig zur Schädigung der Felder CA2 und CA3 des Hippocampus komme. Nun fand man auch bei den Vietnamveteranen im Vergleich zu der Kontrollgruppe eine achtprozentige Verminderung des Volumens des rechten Hippocampus. Von besonderer Bedeutung ist dieser Befund deswegen, weil man auch bei einem Prozentsatz schizophrener Menschen ein vermindertes Volumen des Hippocampus festgestellt hatte. In einer von Bremner et al. referierten Arbeit (1995, S. 979) fand man Differenzen im Hippocampus bei monozygoten Zwillingen, die diskordant für Schizophrenie waren – ein Befund, der von großer Bedeutung bei der Beantwortung der Frage sein kann, ob solche Hippocampus-Veränderungen erbbedingt sind oder nicht. In diesem konkreten Fall könnte man aufgrund der Diskordanz mit guten Gründen annehmen, daß die Abweichung auf die unterschiedlichen Milieueinflüsse zurückzuführen war.

Gen-Expression

Obwohl alle Körperzellen eines Individuums die gleichen Gene und damit genetischen Informationen enthalten, sind die einzelnen Zellen in ihrer Morphologie recht verschieden. »Aus dem gleichen Gen-Satz sind unterschiedliche Informationen abgelesen und somit unterschiedliche Proteine produziert worden – ein hochkomplexer Prozeß, der teils durch genetische, teils durch epigenetische Faktoren gesteuert wird. Unter bestimmten Bedingungen, wozu psychische Belastungen, bestimmte Lernerfahrungen, aber auch Entwicklungsschübe oder hormonelle Umstellungen zählen, können aber Gene exprimiert werden, deren Aktivierung üblicherweise unterdrückt wird. Durchschnittlich werden nur etwa 15 % der Gene einer individuellen Zelle exprimiert (vgl. Brach u. a. 1995)« (Deneke 1999, S. 110). Kandel geht davon aus, daß Störungen, die erbbedingt sind, durch strukturelle Veränderungen der Gene verursacht werden, dagegen sei die Gen-Struktur bei nichtgenetischen Störungen intakt, es habe sich lediglich die Regulation der Gen-Expression verändert, »aber auch in diesen Fällen, die durch lebensgeschichtliche Erfahrungen ausgelöst und aufrechterhalten werden, kommt es im Verlauf der Krankheitsentwicklung vermutlich zu Veränderungen der Gen-Expression« (Deneke 1999, S. 112).

Post hat in seiner bemerkenswerten Arbeit aus dem Jahr 1992 Befunde veröffentlicht, nach denen bei affektiven Psychosen eine Veränderung im Verlauf des Auftretens der einzelnen Phasen zu beobachten ist, und zwar in folgendem Sinn: Obwohl von Anfang an sehr häufig die einzelnen Erkrankungsphasen durch psychosoziale Ereignisse und Belastungen ausgelöst werden, reichen bei den späteren Erkrankungen allmählich immer kleinere Anlässe und Belastungen aus, um das manifeste psychotische Bild hervorzurufen. Aufgrund dieser und anderer Feststellungen stellt er die Hypothese auf, daß psychosoziale Stressoren unter geeigneten Bedingungen zu langfristigen Veränderungen der Gen-Expression führen. Darunter versteht er sowohl bleibende Veränderungen der Neuropeptiden als auch Veränderungen neuronaler Mikrostrukturen. Dies erkläre, warum die therapeutischen Möglichkeiten verschiedener psychosozialer und psychotherapeutischer

Interventionen entscheidend vom Stadium der Erkrankung abhängen können. Diese Befunde und Überlegungen erscheinen mir von Bedeutung, weil sie exemplarisch die Veränderung in unserem Verständnis des psychotischen Prozesses in den letzten Jahren deutlich machen: Wir bewegen uns *auch auf der biologischen Ebene* von einem statischen Modell weg in Richtung einer Konzeptualisierung, welche die psychotische Störung als einen sich im Lauf der Zeit verändernden Prozeß begreift. Das *Erfahren* der jeweiligen akuten Erkrankung bleibt nicht ohne Folge für Häufigkeit, Auslösbarkeit, Therapierbarkeit der darauf folgenden Episoden.

Das Konzept der Psychosomatosen des Gehirns

Der Terminus *Psychosomatose* stammt aus der psychosomatischen Medizin der Nachkriegszeit, und zwar insbesondere aus der in der Inneren Medizin, aber auch sonstigen medizinischen Fächern entwickelten Theorien und Konzepte zur Erfassung psychosomatischer Zusammenhänge. Er ist dann nach den siebziger Jahren immer seltener gebraucht worden und galt wahrscheinlich als überholt, wenn auch offensichtlich noch nicht völlig in Vergessenheit geraten. So findet diese Beziechnung im Manual 17 der Psychotherapeutischen und Psychosomatischen Medizin von Michael Ermann (1995) eine mehrfache Verwendung innerhalb des Kapitels »Psychosomatische Organerkrankungen« (S. 122 ff.). Die Nützlichkeit des Begriffs liegt darin, daß man in Analogie zur Wortbildung »Neurose« und »Psychose« nunmehr auch »Psychosomatose« zur Bezeichnung von Störungen zur Verfügung hat, die zwar eine teilweise psychische oder psychosoziale Ätiopathogenese aufweisen, aber gleichzeitig im klinischen Bild von der im Vordergrund stehenden objektiven Organveränderung charakterisiert werden. Die Bezeichnung Psychosomatose in der allgemeinen Psychosomatik ist offensichtlich deswegen fast vergessen worden, weil die damit früher gemeinten internistischen oder dermatologischen oder anderen somatischen Erkrankungen im ICD-10 in den Sektionen der entsprechenden Fächer aufgeführt werden. Im nervenheilkundlichen Bereich sind lediglich nur die früheren »funktionellen« psychosomatischen Störungen (heute somatoforme Störungen) zurückgeblieben. Somit findet man die ehemals klassischen Psychosomatosen, wie Ulcus duodeni, Asthma bronchiale, Colitis ulcerosa, Neurodermatitis und so weiter in den Sektionen der entsprechenden ärztlichen Fachgebiete. Man mag diese Entwicklung bedauern oder auch umgekehrt sie als richtig empfinden. Mir geht es hier auch nicht um ein Plädoyer für die alte »Ordnung«, sondern um den Vorschlag, die damals nach langer Verarbeitung entstandene Konzeptualisierung der Psychosomatosen innerhalb der somatischen Fächer nunmehr für unsere Bemühungen um eine Integration der neuesten Ergebnisse der Hirnbiologie mit der psychologischen, psychoanalytischen und psychiatrischen Psychosenforschung zu übernehmen und analog anzuwenden.

Der Termininus Psychosomatose wurde damals unter anderem deswegen geschaffen, um bestimmte Erkrankungen (z. B. Ulcus duodeni) von den funktionellen Störungen (z. B. Gastritis oder Reizkolon) abzutrennen, die zwar zum Teil eine ähnliche Psychodynamik und Psychogenese aufwiesen, bei denen es jedoch nicht zu den so schwerwiegenden somatischen Veränderungen wie die Bildung eines Ulcus oder schwerer Hautveränderungen kam. Anders ausgedrückt: Man wunderte sich darüber, daß viele Menschen aufgrund ihrer Leistungsbezogenheit, aber auch aufgrund objektiver Überbelastung, zum Beispiel ihre Bauchbeschwerden, gelegentlich vielleicht auch eine Gastritis, jedoch nicht einen Ulcus bekamen, während andere Patienten viel schneller den Ulcus entwickelten. Solche und ähnliche Beobachtungen haben ziemlich früh dazu geführt, daß man bei den Psychosomatosen, also den psychosomatischen Erkrankungen mit Organ*veränderungen,* ein körperliches, ein konstitutionelles (erbliches oder erworbenes) Entgegenkommen annahm. So hat man im Fall des Ulcus duodeni ziemlich früh angenommen, auch aufgrund empirischer Befunde, daß eine vorgegebene, primäre Tendenz zur Übersekretion des Magens existiere. Dieser eigentlich relativ geringfügige organische Faktor trug nun unter Zusammenwirkung bestimmter psychosozial ungünstiger Faktoren dazu bei, daß es später zur Entstehung einer Psychosomatose kam, wobei diese nunmehr manifeste Erkrankung samt ihrer psychosozialen Komponente auf den Körper zurückwirkte. Der somatopsychische und der psychosomatische Aspekt waren feste Bestandteile des Konzepts der Psychosomatose.

Das Bemerkenswerte ist nun, daß in den großen Lehrbüchern der Psychosomatik (damals, aber auch noch bis heute) solche Erkrankungen verschiedener Organe und somatischer Systeme in entsprechenden, meistens sehr ausgedehnten Kapiteln beschrieben werden, so etwa im gastrointestinalen oder kardiovaskulären System, bei den Nieren, der Haut und so weiter, daß jedoch das zentrale Nervensystem entweder überhaupt nicht oder recht stiefmütterlich behandelt wird. Dies hängt sicher damit zusammen, daß dieses System und seine Pathologie von einem besonderen wissenschaftlichen Fach und einer sehr starken und traditionsreichen Institution, nämlich der Psychiatrie übernommen wurde. Im Hinblick auf die Entwicklung der letzten zwei Jahrzehnte wäre es jedoch gerade für die Psychiatrie anregend, fruchtbar und nützlich, diese alte Konzeptualisierung der Psychosomatosen im Bereich der Psychosen anzuwenden und daraus per Extrapolation neue Einsichten, Ordnungsprinzipen und Anregungen zu erhalten. Denn genau wie bei den Psychosomatosen in der Inneren Medizin, so geht es auch bei den Psychosen um Störungen, die offensichtlich zunächst einmal auf einer biologischen Disposition (in Verbindung mit dem psychosozialen Faktor) beruhen und die auch nach dem Ausbrechen der Psychose von somatischen Prozessen im Sinn des somatischen Korrelats begleitet werden, die aber nunmehr als manifest psychisches Leiden auf Struktur und Funktion der neuronalen Systeme zurückwirken. Dadurch erfüllen sie zumindest eine der Bedingungen des Psychosomatosenkonzepts, nämlich die Interaktion zwischen psychosomatischen und somatopsychischen Vorgängen. Berücksichtigt man die oben kurz geschilderten Ergebnisse von Post (1992) bei affektiven Psychosen, die womöglich auf einer Veränderung der Gen-Expression beruhen, oder zieht man die zu vermutende Herabminderung der synaptischen Dichte bei der Hypofrontalität vieler schizophrener Patienten oder die Wirkung von streßbedingt chronisch überhöhtem Kortisol (Glukokortikoide) im Blut auf Struktur und Funktion des Hippocampus in Betracht, so ist es ohne weiteres denkbar, daß bestimmte psychosoziale Konstellationen, besonders in der frühen Kindheit, die mit einer dauerhaften psychischen Belastung einhergehen, wenigstens einen Teil der neuronalen beziehungsweise Transmitter- und Rezeptorensysteme dauerhaft verändern können. Eine solche Feststellung erweist sich als sehr nützlich, etwa bei unserem Versuch, die Unterschiede des Phänotypus bei gleichem Genotypus zu erklären in bezug auf Psychosen bei diskortanden monozygoten Zwillingspaaren. Auch die Unterschiede zwischen den mit Schizophrenie erbgenetisch belasteten Adoptivkindern, die entweder in psychosozial relativ ausgeglichenen Familien aufgenommen wurden oder aber in psychisch und psychosozial gestörten Familien aufwuchsen (vgl. Mentzos 1999a), sind vermutlich ebenfalls mit einer aufgrund psychosozialen Faktoren jeweils unterschiedlichen Gen-Expression zu erklären.

An der Existenz und der Tragweite solcher erfahrungsabhängiger Veränderungen in Funktion und Struktur des Gehirns bei den Psychosen ist also wenig zu zweifeln. Es bleibt aber die Frage offen, auf welche Weise diese Einflüsse mit den erbgenetischen und sonstigen biologischen Gegebenheiten interagieren, sowie die zweite Frage, was das für die Schizophrenie oder die affektiven Psychosen Spezifische ist – das Somatische oder das Psychische oder beides? Bevor ich auf diese Fragen eingehe, erscheint mir eine kurze Erläuterung zum Körper-Seele-Problem und den dazugehörigen Konzeptualisierungen erforderlich.

Das Körper-Seele-Problem

Man könnte alle hier vorgebrachten Darstellungen und Überlegungen zu den somatopsychischen und psychosomatischen Zusammenhänge für irrelevant erklären und mit dem Argument abtun, die hier offensichtlich implizierte Trennung zwischen Soma und Psyche sei überholt. In der jetzigen Psychosomatik, die sich mit den Störungen der verschiedenen Körpersysteme (mit Ausnahme des zentralen Nervensystems) beschäftigt, sei vielleicht noch vertretbar, der Einfachheit halber von Psyche und Soma zu sprechen, wobei alles, was sich im zentralen Nervensystem abspielt »die Psyche«, der Rest »das Soma« sei. Wenn wir aber jetzt beginnen, von psychosomatischen Veränderungen des Gehirns zu sprechen, so frage ich, was denn hier Soma und was Psyche ist. Ich kann hier das Problem nicht im Detail diskutieren und verweise auf die sehr gute Zusammenfassung und durchdachte Stellungnahme von Deneke (1999, S. 116 ff.). Meine Meinung kurz zusammengefaßt: Das Rätsel des Erlebens, des Bewußtseins ist im Prinzip unlösbar. Wir werden wahrscheinlich nie begreifen können, warum neuronale Prozesse, sobald sie eine bestimmte Komplexität und Struktur erreicht haben, sich zusammen mit subjektiven Prozessen (die ebenfalls – auf ihre Weise – real sind) abspielen, die wir subjektives Erleben und Bewußtsein nennen und die in ihrer weiteren Ausdifferenzierung und Entwicklung eigentlich das Wichtigste im Leben der Menschen ausmachen. Für die praktischen Belange der Medizin und der Psychologie brauchen wir aber auch nicht unbedingt eine prinzipielle Lösung. Ich bin zum großen Teil mit dem Vorschlag von Deneke einverstanden, daß wir davon ausgehen können, daß *alle* psychischen Prozesse, auch die höchst differenzierten und emotionalen, ein somatisches Korrelat in komplizierten neuronalen Systemen und Vorgängen haben. Ich gehe zwar nicht so weit wie Deneke zu behaupten, daß Erleben und Bewußtsein eben *nur* diese Strukturen und diese Prozesse *sind*. Ich meine aber, daß es für pragmatische Zwecke genügt (aufgrund der vorhandenen Ergebnisse der Hirnforschung) zu akzeptieren, daß jede Veränderung des Erlebens, auch jede von uns als Intention empfundene Regung in Richtung einer Veränderung ebenfalls ein somatisches Korrelat hat. Wie soll man aber, wird man mich fragen, dann zwischen Soma und Psyche unterscheiden, zumal es sich oft oder sogar meistens nicht um bewußte, sondern vorbewußte oder unbewußte Prozesse handelt und somit für die jeweils momentane Beurteilung nicht einmal das Kriterium des Bewußtseins zur Verfügung steht!

Ich sehe zunächst und zur Zeit keine andere als folgende Lösung: Man muß eine grundsätzliche Trennung zwischen zwei Arten von neuronalen Prozessen sehen.

Mein pragmatischer Lösungsvorschlag läuft also darauf hinaus, die neuronalen Prozesse oder Zustände des zentralen Nervensystems in zwei Gruppen zu unterscheiden, einmal in diejenigen, die potentiell vom Erleben und Bewußtsein begleitet werden können (oder, anders ausgedrückt, diejenigen, die potentiell das somatische Korrelat von Erleben und Bewußtsein darstellen); und zweitens den Rest, also diejenigen neuronalen Prozesse oder Zustände, die prinzipiell nicht mit Erleben oder Bewußtsein verbunden sind. Der erste Komplex, also Erleben und Bewußtsein samt ihrem somatischen Korrelat, bezeichnen wir als das Psychische; den zweiten Komplex bezeichnen wir als das Somatische.

Eine *somatopsychische* Wirkungsweise oder einen somatopsychischen Zusammenhang vermuten wir dort, wo Veränderungen im zweiten Komplex (Soma) zu Veränderungen des ersten Komplexes führen (etwa wo eine vorübergehende Hypoglykämie Bewußtseinsveränderung oder sogar Bewußtseinsverlust zur Folge hat, dagegen eine Zufuhr von Glukose, und damit Wiederherstellung des Metabolismus der Gehirnzellen, die Wiederherstellung des Bewußtseins). Von *psychosomatischen* Wirkungsweisen oder psychosomatischen Zusammenhänge sprechen wir dort, wo Veränderungen im ersten Komplex (Erleben und/oder Korrelat) zu Veränderungen der Prozesse des zweiten Komplexes führen, wobei unter Umständen rückwirkend, jetzt wiederum als somatopsychischer Zusammenhang, Veränderungen auch des ersten Komplexes resultieren können (Beispiel: chronifizierte Angst- oder Streßzustände führen zu einer chronischen Vermehrung der Glukokortikoide, die ihrerseits auf Dauer funktionelle und strukturelle Veränderungen bestimmter Hirnstrukturen verursachen, mit dem Resultuat, daß rückwirkend erlebbare Angstzustände samt ihres Korrelats schneller und intensiver auftreten und so weiter (Circulus vitiosus).

Bei diesem Definitionsvorschlag beachte man folgende zwei Punkte. Erstens: Ich spreche von bestimmten neuronalen »Prozessen« oder »Zuständen« und nicht von bestimmten neuronalen *Systemen*, weil dieselben Systeme in verschiedenen »Zuständen« (vgl. Koukkou u. Lehmann 1980) unterschiedlich funktionieren können. Zweitens: Das »Psychische« kann sowohl Erleben plus somatisches Korrelat als aber auch nur Korrelat sein (als das unbewußte Psychische). Es gibt also ein Korrelat ohne Erleben, aber, soviel wir wissen, kein Erleben ohne Korrelat!

Die Frage der Spezifität

Im Hinblick auf die oft erheblichen Unterschiede verschiedener klinischer Syndrome, die wir alle Schizophrenien nennen, hat sich immer wieder die Frage gestellt, mit welcher Berechtigung man sowohl einen Autismus als auch einen Verfolgungswahn oder einen Beziehungswahn oder eine Hebephrenie der »Schizophrenie« zuordnet. Gibt es einen gemeinsamen zentralen Prozeß, der dieses diagnostische Vorgehen rechtfertigen könnte? Man hat vielfach innerhalb der Psychiatrie versucht, diese Frage zu beantworten, sei es mit biologisch begründeten Annahmen, etwa das Konzept der »Basisstörung« von Huber und Süllwold oder mittels psychologischer Hypothesen, zum Beispiel das in jüngster Zeit von Andreasen – Leiterin einer der am intensivsten in der Schizophrenie-Forschung engagierten Gruppe in den USA – angebotene Modell, wonach eine kognitive Störung, (»cognitive dysmetria«) das Gemeinsame aller Schizophrenien sei, während sowohl die Ursachenkette, die dazu führt, als auch die aus dieser kognitiven Störung entstehenden psychopathologischen Bilder sehr differieren können. Man hat beide Versuche mit gewichtigen Argumenten kritisiert oder zumindest relativiert: Die von Huber postulierten Gehirnveränderungen wurden – wenn überhaupt – nur bei einem Teil der an Schizophrenie Erkrankten festgestellt. Zu dem beachtenswerten Versuch von Andreasen hat David Braff von der Universität California in seinem wohlwollenden, aber auch kritischen Kommentar (1999) mit Recht festgestellt, daß zwar ein Teil der schizophrenen Bilder als Resultat der geschilderten kognitiven Störung zu verstehen wäre, bei einem weit größeren Anteil lasse sich jedoch eine solche Störung überhaupt nicht nachweisen.

Ich persönlich gehe aufgrund meiner Erfahrungen aus langjährigen psychotherapeutischen Behandlungen von schizophrenen Patienten in meiner Kritik an einer generellen Auffassung der Schizophrenie als einer kognitiven Störung sogar einen Schritt weiter, indem ich darauf aufmerksam mache, daß nicht nur, wie auch Braff meint, sehr viele schizophrene Menschen zu sehr guten kognitiven Leistungen fähig sind, sondern daß man auch bei demselben Patienten gelegentlich ein paralleles Existieren von kognitiven Störungen einerseits und einer relativ ungestörten Kognition und Realitätsprüfung andererseits feststellen kann. So war eine Patientin, die im Rorschach-Test bei allen 10 Tafeln deutlich psychotische Antworten gab, die für eine massive Verzerrung der Realitätswahrnehmung sprachen, danach, im zweiten Durchgang, in der Lage, völlig »normale« Antworten zu geben, um dann zum Schluß zu betonen, daß »wahr« eigentlich das sei, was sie zuerst gedacht und mitgeteilt hatte. Weder vom Biologischen, noch vom Kognitiv-Psychologischen her läßt sich also eine durchgehende spezifische Stöung feststellen.

Gibt es aber dann vom Psychodynamischen her einen solchen gemeinsamen Nenner? In mehreren Beiträgen (z. B. Mentzos 1997, 1999) habe ich ein Modell der Psychodynamik der Psychosen vorgestellt, in dem grundsätzlich intrapsychische Gegensätzlichkeiten im Zentrum stehen. Es geht um eine Art von Grunddilemma, das bei den Schizophrenien ein anderes ist als bei den affektiven Psychosen, wobei die unterschiedlichen, oft entgegengesetzten psychopathologischen Bilder als alternative pathologische »Lösungsversuche« imponieren. So läßt sich beispielsweise das Dilemma zwischen Selbstidentität und Fusion mit dem Objekt durch eine Extremisierung in Richtung Autismus oder Symbiose oder durch ebenfalls pathologische Kompromißlösungen wie zum Beispiel Verfolgungswahn psychotisch »lösen«. Manie und Schulddepression wären wiederum die extremen Alternativlösungen des Dilemmas zwischen autonomer Selbstwertigkeit versus total vom Objekt abhängiger Selbstwertigkeit.

Ich kann an dieser Stelle keine ausgedehnte Kasuistik referieren, welche die Nützlichkeit und Verwendbarkeit dieses Modells bei recht unterschiedlichen Schizophrenien und affektiv psychotischen Bildern eindrucksvoll illustrieren könnte. Aber auch wenn man aufgrund dieser Erfahrungen bereit wäre, diese gemeinsame Psychodynamik, also ein zentrales Dilemma und die dazu gehörigen, zum großen Teil alternativen Modi seiner pathologischen Verarbeitung zu akzeptieren, so ist damit die Frage der Spezifität, zumal auch der biologischen Spezifität, noch lange nicht ganz beantwortet. Diese Diskussion enspricht weitgehend einer entsprechenden Debatte in der allgemeinen Psychosomatik in den vierziger und fünfziger Jahren. Gemeint ist die alte Kontroverse über die Spezifitätsmodelle in der psychosomatischen Medizin. Sind es spezifische Persönlichkeitsmerkmale oder spezifische unbewußte Konflikte (Franz Alexander 1934), oder sind es spezifische körperliche Dispositionen, Vulnerabilitäten bestimmter Organe oder Organsysteme, die maßgebend für das Auftreten und für die Art einer psychosomatischen Erkrankung sind? Nun wurde zwar diese langanhaltende Debatte aufgrund neuerer Untersuchungen (vgl. Übersichtsreferat bei Küchenhoff 1994) im wesenlichen zuungunsten von Franz Alexander entschieden und Alexanders Spezifitätshypothese (Ulcus duodeni, Colitis ulcerosa, Asthma bronchiale usw. beruhen immer auf einem jeweils spezifischen Konflikt) wurde von den meisten verworfen. Trotzdem scheint die alltägliche klinische Erfahrung gewisse Aspekte des ursprünglichen großartigen Alexanderschen Entwurfs zu bestätigen, so daß beispielsweise Küchenhoff sich veranlaßt sieht, eine pragmatisch-vermittelnde Haltung diesem Problem gegenüber zu empfehlen: »Uns erscheint es sinnvoll, für die Praxis sich weiterhin in lockerer Form der Spezifitätsannahme zu bedienen, dabei aber immer die grundsätzliche These zu beachten, daß letztlich jeder Konflikt zu jedem Störungbild führen könne.«

Über die Psychosen, also die Psychosomatosen des Gehirns, könnte man nun meinen, daß eine ähnliche wie in der damaligen allgemeinen Psychosomatik gestellte Frage hier nicht relevant sei, weil der bei Psychosen eindeutige erbgenetische Faktor für das Primat des biologischen Faktors spreche. Ob und welche Psychose auftrete, sollen maßgebend die Gene des betreffenden Indivduums bestimmen. Eine solche These kann nicht unwidersprochen bleiben und muß zumindest etwas relativiert werden. Schon die biologischen Befunde selbst sprechen dagegen, weil ja bei Kindern und sonstigen Verwandten von schizophrenen Menschen, sofern schwere psychische Störungen auftreten, es sich dabei nicht immer um Schizophrenien, sondern vielfach auch um affektive Psychosen, um Borderline-Störungen oder auch andere psychische Störungen handelt. Nicht umsonst ist auch innerhalb der Psychiatrie lange Zeit die Hypothese der Einheitspsychose diskutiert worden. Zudem läßt sich gerade auch mit Hilfe der Zwillings- und Adoptivkinder-Untersuchungen zeigen, daß das psychosoziale Feld eine entscheidende Rolle in der Ätiopathogenese der Psychosen spielt (vgl. z. B. Mentzos 1999b). Es gibt also eine nur relative Spezifität des biologischen Faktors. Eine grundlegende Frage bleibt allerdings noch offen: Wie hängt diese relative *biologische Spezifität* mit der von mir behaupteten *psychodynamischen Spezifität* (Grunddilemma) zusammen? Warum trifft man beide bei demselben Individuum an?

Die oben referierten neurobiologischen Befunde, die für einen teilweise großen Einfluß psychischer Faktoren sprechen, lösen das Problem nicht, denn sie beziehen sich immer allgemein auf Angst- und Streßerfahrungen, nicht jedoch speziell auf die intrapsychischen Gegensätzlichkeiten, die zu diesem Streß oder zu der Angst führen. In der ausführlichen Kasuistik, auf der mein oben kurz erwähntes psychodynamisches Modell basiert, zeigt sich aber, daß nicht Streß oder psychische Belastung schlechthin, sondern *spezifische konfliktuöse Konstellationen* bei der Psychosenauslösung beteiligt sind. Menschen werden nicht aufgrund von Arbeitsüberlastung oder Naturkatostrophen oder Kriegsereignissen psychotisch. Die Anlässe oder die Auslöser von Psychosen sind vielmehr eher eine plötzliche Nähe zum Objekt (z. B. Verliebtheit) oder umgekehrt die abrupte Lösung einer vorher bestandenen Symbiose. Das gilt für die Schizophrenie. Für die Depression und die Manie wiederum sind die Auslöser ebenfalls spezifisch. Sie sind reale oder symbolische Verluste und Trennungen, auch andere Arten der Beeinträchtigungen der Selbstwertgefühlhomöostase (vgl. Mentzos 1995). Wie erklärt sich dann, daß die ebenfalls kaum anzuzweifelnde relative biologische Spezifität mit der damit korrespondierenden psychischen und psychosozialen Spezifität zusammentrifft? Mit diesem Problem hatten sich Internisten und andere Mediziner in den dreißiger, vierziger und fünfziger Jahren in bezug auf die schweren psychosomatischen Störungen geplagt. Darauf haben Psychosomatiker in der Nachfolge von Franz Alexander (z. B. Engels) eine meines Erachtens einleuchtende Antwort gegeben: Ein unter Umständen geringfügig erbbedingter Faktor, etwa eine Magenübersekretion, begünstigt unter bestimmten Bedingungen eine gestörte Interaktion zwischen Mutter und Kind (Überforderung einer womöglich wenig stabilen Mutter durch ein ständig hungriges Kind) und trägt zur Fixierung einer oralen Problematik und eines entsprechenden

Konflikts bei, was beim erwachsenen Individuum unter Hinzukommen spezifischer Belastungen oder anderen, (z. B. entzündlichen) Faktoren zur Manifestation eines Ulcus führt.

Über die Schizophrenie könnte man nun die Hypothese aufstellen, daß eine neurobiologisch definierbare Entwicklungsstörung oder auch nur Übersensibilität, die die Interaktion in der frühesten Kindheit zwischen Kind und Mutter beeinträchtigt, eine deutliche Erschwerung der dialektischen Lösung der schon normal vorhandenen Bipolarität zwischen autonomen Selbstidentitätsstrebungen einerseits und Wünschen und Bedürfnissen nach Bindung und Vereinigung andererseits mit sich bringt und damit zu einer labilen Selbst-Objekt-Differenzierung führt, die ihrerseits eine gleichsam gemischte, sowohl biologisch als auch psychosozial bedingte Vulnerabilität für spezifische Auslöser (z. B. zu große Nähe oder zu große Distanz) schafft. Die daraus dem Individuum erwachsende große Gefahr für die Selbstintegration und Kohäsion wird mit psychotischen Abwehr- und Kompensationsmechanismen beantwortet (die ja eigentlich der manifesten Psychose gleichzusetzen sind). Die psychosomatischen Wirkungen einer andauernden starken Erregung, von Angst und Streß oder auch festgefahrene defensive Hemmungen und Spaltungen führen zu einer zusätzlichen Belastung und Schädigung der zuständigen neuronalen Systeme, wodurch der verhängnisvolle Circulus vitiosus geschlossen wird (dazu s. a. Mentzos 1996, 1997).

Schlußbemerkungen

Diese von der allgemeinen Psychosomatik inspirierte Konstruktion ist sicher teilweise nur hypothetisch, in anderen Teilen läßt sie sich aber auch durch klinische Erfahrungen untermauern. Es ging mir hier auch nicht um die Darstellung eines in allen Punkten empirisch gestützten und konzeptuell in allen Einzelheiten durchgedachten Modells, sondern um den Versuch, das alte Konzept der Psychosomatosen in seiner Nützlichkeit zu prüfen bei unseren Versuchen, die vielfältigen neurobiologischen, psychologischen, psychoanalytischen und psychosozialen Daten zu integrieren.

Sehr wichtige und auch für die Praxis relevante Fragen können zunächst nur hypothetisch beantwortet werden. Es ist zwar offensichtlich, daß erst das Zusammentreffen der zwei beschriebenen relativen Spezifitäten, der biologischen und der psychosozialen, zur Dekompensation beziehungsweise zu der dann entstehenden, defensiv kompensatorischen psychotischen Reaktion führen. In welchem Verhältnis stehen aber diese zwei spezifischen Konstellationen? Ist das ein kausales Verhältnis? Bedingt die eine die andere? Oder ist das ein zufälliges Zusammentreffen? Eine schicksalhafte, verhängnisvolle »Symptosis« (Zusammenfallen)? Oder handelt es sich – was ich mehr glaube – um ein »passendes« Zusammentreffen, also eines zwischen analogen oder homologen Prozessen, die sich deswegen in verhängnisvoller Weise gegenseitig verstärken?

Es ist zu hoffen, daß in der Zukunft die weitere Forschung auf dem biologischen und auf dem psychodynamisch-therapeutischen Gebiet die Beantwortung dieser Fragen erleichtern wird.

Literatur

Andreasen, N. (1989): A unitary model of schizophrenia. Bleuler's »fragmented phrene« of schizencephaly. Arch. Gen. Psychiatry 56: 781-787, Sept. 1999.

Berger, M. (Hg.) (1999): Psychiatrie und Psychotherapie. München.

Braff, D. (1999): Connecting the »Dots« of brain dysfunction in schizophrenia. Arch. Gen. Psychiatry 56: 791-793, Sept. 1999.

Bremner, J. D.; Randall, P. ; Scott, T. M.; Proyey, R.; Seibyl, J.-P.; Southwick, S. M.; Delaney, R. C.; McCarthy, G.; Charney, D. S.; Innis, R.B. (1995): MRI-Based measurement of hippocampal volume in patients with combat-related postraumatic stress disorder. Am. J. Psychiatry 152: 17, 973-981.

Deneke, F.-W. (1999): Psychische Struktur und Gehirn. Die Gestaltung subjektiver Wirklichkeiten. Stuttgart.

Ermann, M. (1995): Psychotherapeutische und psychosomatische Medizin, Manual 17. Stuttgart.

Fritze, J. (1999): Ätiologie und Pathogenese der Schizophrenien. In: Berger, M. (1999), Psychiatrie und Psychotherapie. München, S. 421-429.

Huber, G. (1994): Psychiatrie. 5. Aufl., Stuttgart.

Kandel, E. (1999): Biology and the future of psychoanalysis: A new intellectual framework for psychiatry revisited. Am. J. Psychiatry 156: 4 (April 1999).
Koukkou, M.; Lehmann, D. (1980): Psychophysiologie des Träumens und der Neurosentherapie. Das Zustand-Wechsel-Modell: eine Synopsis. Fortschr. Neurol. Psychiatrie 48: 324-350.
Küchenhoff, J. (1994): Spezifitätsmodelle in der Psychosomatischen Medizin: Rückblick auf eine alte Kontroverse. Zsch. Psychosom. Med. 40: 236-248.
Mentzos, S. (1995): Depression und Manie. Psychodynamik und Therapie affektiver Störungen. Göttingen.
Mentzos, S. (1997): Die Psychodynamik der Psychosen. Zur psychodynamischen Differenzierung und Einordnung psychotischer Prozesse. Psychotherapeut 42: 343-349.
Mentzos, S. (1999a): Operationalisierung versus »Psychodynamisierung« in der Psychosendiagnostik. Forum der psychoanal. Psychosentherapie, Band 1. Göttingen.
Mentzos, S. (1999b): Das psychosoziale Feld ist nicht nur für das So-Sein, sondern – partiell – auch für das Da-Sein der Psychose von Bedeutung. Forum der psychoanal. Psychosentherapie, Band 2. Göttingen.
Merzenich, M. M.; Kaas, J. H.; Wall, J. T.; Nelson, R. J.; Sur, M.; Felleman, D. J. (1983): Topographic reorganisation of somatosensory cortical areas 3b and 1 in adult monkeys following restricted deafferentiation. Neuroscience 8: 33-55.
Pally, R. (1998): Bilaterality: hemispheric specialisation and integration. Intern. Journ. of Psychoan. 79: 565-578.
Post, R. M. (1992): Transduction of psychosocial stress into the neurobiology of recurrent affective disorder. Am. J. Psychiatry 149: 999-1010.

Evelyne Steimer-Krause

Ein Beitrag emotionspsychologischer und entwicklungspsychologischer Forschung zum Verständnis schizophrener Erkrankungen

In meinem Beitrag möchte ich versuchen, einen Bogen zwischen einigen theoretischen Konzepten aus der Psychoanalyse und neueren Vorstellungen über Emotionen sowie Befunden aus der Säuglingsforschung zu schlagen und diese mit eigenen empirischen Untersuchungsergebnissen (Steimer-Krause 1996) zum Verhalten schizophrener Patienten in Interaktionen verbinden. Es wird zunächst um Emotionen/Affekte allgemein, dann spezifischer um deren Stellenwert in der Beziehungsregulation gehen. Auf dem Hintergrund der psychoanalytischen These, daß bei der Entstehung psychotischer Erkrankungen Vorgänge im ersten Lebensjahr von großer Bedeutung sind, werde ich dann einige Ergebnisse der aktuellen Säuglingsforschung darlegen, und zwar insbesondere solche über die Relevanz von Emotionen in der frühen Kommunikation und Beziehungsregulation. Daraus werden Annahmen abgeleitet, welche Beziehungsstörungen im ersten Lebensjahr bei der Entstehung schizophrener Pathologien wichtig sein könnten. Meine eigenen Forschungsbefunde zum Interaktionsverhalten schizophrener Patienten, die von diesen Annahmen geleitet wurden, werden abschließend vorgestellt.

Bevor ich mit dem eigentlichen Thema beginne, möchte ich eine kurze Standortbestimmung machen. Die an der Universität des Saarlandes in der Klinischen Psychologie arbeitende Forschergruppe (Krause 1997) versucht seit vielen Jahren psychoanalytische Konzepte mit sogenannter harter empirischer Forschung zu verbinden und zu überprüfen. Dabei ist die therapeutische Praxis psychoanalytisch geprägt. In der Forschung liegt das Hauptinteresse in der Frage des Beziehungsaufbaus und der Beziehungsregulation zwischen zwei Menschen. In psychoanalytischen Termini ausgedrückt geht es also um die Erforschung von Übertragungs- und Gegenübertragungsprozessen. Ausgangspunkt ist die These, daß sich die Beziehung des Patienten zum Therapeuten nach dem Vorbild früherer Beziehungen strukturiert, was bedeutet, daß der Patient in der sogenannten Übertragung jenseits seiner bewußten Heilungs- und Kooperationswünsche unbewußt versucht, spezifische Lebenserfahrungen und Konflikte zu reinszenieren (Freud 1912, 1920).

Im Unterschied zu individuumzentrierten, monadischen Übertragungskonzepten, die primär auf den Patienten, dessen Wünsche oder die Abwehr derselben zentriert sind, ist mein Übertragungsverständnis dyadisch orientiert. Dem Übertragungskonzept von Sandler (1976, 1982) folgend gehe ich davon aus, daß die gewünschte Reaktion oder Antwort des Gegenübers immer als integraler Bestandteil der Wiederholung berücksichtigt werden muß. Das heißt also, daß es sich bei den Konzepten Übertragung/Gegenübertragung um den Versuch handelt, eine spezifische Beziehungsstruktur herzustellen, die zumindest teilweise einer Wiederholung vergangener Beziehungserfahrungen entspricht. Von dieser Definition ausgehend, ergeben sich mehrere Fragen, bei denen die Bedeutung der Emotionen abzuklären ist. Auf zwei Fragen möchte ich eingehen, nämlich erstens, wie wird in der aktuellen Beziehung die gewünschte Struktur hergestellt, und zweitens, welche Typen oder Qualitäten aus der Vielfalt vergangener Beziehungserfahrungen streben nach Wiederholung? Gemäß einer einfachen und groben Charakterisierung besteht eine Beziehung aus einem Subjekt, einem Objekt und einer Aktivität zwischen beiden. In bezug auf die erste Frage, wie wird in einer aktuellen Beziehung die gewünschte Struktur hergestellt, heißt das, wie signalisiert das Subjekt dem Objekt, was es sich wünscht und was das Objekt diesbezüglich tun soll. Dieses Signalisieren oder Kommunizieren geschieht zu einem Großteil über nonverbales Verhalten, insbesondere über Affektsignale. In den neueren Affekttheorien besteht ein Konsens darüber, daß Affekte als beziehungsregulierende Mechanismen zu begreifen sind (Dahl 1979; De Rivera 1977). Affekte sind sowohl selbst- wie fremdmotivierend (Scherer 1984). Als innere Signale informieren sie das Subjekt über seine anstehenden Bedürfnisse, als kommunikative Signale zeigen sie dem Objekt an, was das Subjekt einerseits selbst wünscht und andererseits von ihm, dem Objekt, wünscht.

Was nun die kommunikativen Affekte betrifft, so konnte in vielen Forschungen festgestellt werden, daß es eine begrenzte Anzahl von mimisch-expressiven Konfigurationen gibt, die kulturinvariant als Affektsignale verstanden werden (Ekman 1982). Diese sogenannten Primäraffekte sind Freude, Wut, Angst, Ekel, Überraschung, Trauer und Verachtung. Natürlich werden auch über Blicke, Gesten oder Körperhaltungen emotionale Botschaften übermittelt, die Zuordnung zu diskreten affektiven Bedeutungen wie bei den mimischen Expressionen ist jedoch sehr schwierig oder nicht möglich.

Die beziehungsregulierende Eigenschaft der Affekte erklärt sich daraus, daß Affekte selbst eine sogenannte propositionelle Struktur haben (Krause 1997). Das heißt, daß jeder Affekt sich als Beziehungswunsch übersetzen läßt, und zwar mit einem Subjekt, einem Objekt und einer gewünschten Aktivität. Alle negativen Affekte indizieren eine Disregulation in der Beziehung und können als Wünsche nach Veränderung der Beziehung oder der laufenden Interaktion betrachtet werden. So bedeutet Angst etwa, daß für das Subjekt von seiten des Objekts eine Gefahr droht und es sich zurückziehen will, falls sich auf seiten des Objekts nichts ändert. Für das Objekt bedeutet das Angstsignal, daß es seine Aktivität ändern muß, sofern es den Rückzug des Subjekts vermeiden möchte. In jeder Interaktion zeigen die Gesprächspartner eine Vielzahl solcher Affektsignale, die in der Regel erstens nur sehr kurz – meist weniger als zwei Sekunden – im Gesicht erscheinen und wieder verschwinden. Diese Expressionen sind normalerweise nicht bewußt, weder für den, der sie zeigt, noch für den, der sie sieht, aber sie beeinflussen und steuern mit hoher Wahrscheinlichkeit die Beziehung mit. So deuten unsere Forschungsbefunde beispielsweise darauf hin, daß die Verteilung einzelner Affektqualitäten krankheitsspezifische Charakteristika aufweisen, das heißt, daß sich verschiedene Psychopathologien darin unterscheiden, welche mimischen Affektsignale besonders häufig oder besonders selten gezeigt werden (Steimer-Krause et al. 1990).

Die zweite Frage, nämlich welche vergangenen Beziehungserfahrungen nach Wiederholung streben, kann nur pathologiespezifisch beantwortet werden. Was nun die Schizophrenie betrifft, so nehmen fast alle psychoanalytisch orientierten Theorien an, daß Traumatisierungen im ersten Lebensjahr entscheidend zur Entstehung der Störung mitbeitragen. Wir müssen uns also zuerst darüber orientieren, wie Beziehungen im ersten Lebensjahr gestaltet sind. Die Säuglingsforschung der letzten Jahre hat hier zu wichtigen neuen Erkenntnissen beigetragen, die eine Korrektur früherer Konzepte notwendig machen. Zumindest was die Verhaltensebene angeht, haben sich die psychoanalytischen Annahmen, das Kind werde undifferenziert, nur auf die Erfüllung der physiologischen Bedürfnisse wie Hunger oder Schlaf ausgerichtet, geboren, als falsch erwiesen. Wir müssen Abschied nehmen von den Konstrukten eines frühkindlichen Autismus und ebenso von der Existenz einer normalen Symbiose oder Fusion (Mahler et al. 1980). Die Existenz einer Entwicklungsphase, in welcher der Säugling sich mit seiner Bezugsperson eins fühlen würde, inklusive der Annahme, daß die Wahrnehmungsfähigkeit des Babys so beschränkt sei, daß es all das, was es vage als böse oder unangenehm wahrnimmt und empfindet, außerhalb dieser symbiotischen Beziehung plazieren würde, ist äußerst zweifelhaft. Angeregt durch neue Forschungsmethoden innerhalb der Entwicklungspsychologie veränderte sich seit Anfang der siebziger Jahre das Bild des Säuglings radikal (Emde u. Robinson 1979), was meines Erachtens weitreichende Auswirkungen für das Verständnis psychotisch kranker Menschen hat. Ausgehend von der Analyse des Verhaltensrepertoires von Säuglingen – das sind visuelle Hinwendungen, den Kopf Hin- und Wegdrehen und das Saugen – begann man den Neugeborenen Fragen zu stellen, die sie mit ihren Reaktionsmöglichkeiten auch beantworten konnten. Die Untersuchungen ergaben, daß das Baby von Anfang an aktiv und reiz- oder stimulussuchend ist und über enorme Unterscheidungs- und selbstregulierende Fähigkeiten verfügt. Zwei Tage nach der Geburt kann es etwa die mütterliche Milch und ihre Stimme von anderen unterscheiden. Zur Verdeutlichung der neuen Forschungsstrategien sei hier ein Beispiel eines solchen Frage-Antwort-Experiments aufgeführt (siehe Stern 1985). Ein Schnuller wurde über einen Sensor mit einem Tonband verbunden, und das Baby konnte über die Saugstärke das Tonband an- und ausschalten. Das lernten die Säuglinge sehr rasch. Wenn vom Tonband die mütterliche Stimme zu hören war, saugten die Neugeborenen so, daß das Tonband weiterlief, war es die Stimme von einer anderen Frau, stellten sie über entsprechendes Saugen das Tonband ab. Durch derartige Untersuchungen konnte außer den großen Unterscheidungsleistungen auch festgestellt werden, daß das Neugeborene deutliche Vorlieben für soziale Reize, also Menschen hat. Konfrontiert mit unterschiedlichen Geräuschen, stellten die Säuglinge über ihre Saugreaktionen beispielsweise das Tonband genau auf den Frequenzbereich der menschlichen Stimme ein.

Neben den erstaunlichen Differenzierungsleistungen und der Präferenz für soziale Reize wurde weiter deutlich, daß Säuglinge sehr empfindsam auf widersprüchliche affektive soziale Informationen reagieren. So bemerken sechs Wochen alte Babys in Interaktionen mit Erwachsenen nicht nur, daß deren Affektausdruck in Stimme und Mimik nicht übereinstimmt, sondern sie entscheiden sich für die Information, die sie der Gesichtsmimik entnehmen können. Drei Monate alte Säuglinge können Asynchronien zwischen Gesichts- vor allem Mundbewegungen und der um 100 Millisekunden verzögert dargebotenen Stimme erkennen. Wie ist dies möglich? Diese enormen Fähigkeiten basieren auf zwei angeborenen Kapazitäten, nämlich der *crossmodalen* Wahrnehmungskapazität und der *multimodalen* Wahrnehmungseinstellung (Meltzoff 1985) von Neugeborenen. Crossmodale Wahrnehmungskapazität heißt, daß die Säuglinge Sinneswahrnehmungen, die sie nur mit einem sensorischen Kanal erfaßt haben, in die verschiedenen anderen sensorischen Modalitäten übersetzen können. Gleichgültig, ob sie etwas sehen oder ertasten, sie wissen, es handelt sich um das identische Objekt. Sie können etwa einen Schnuller mit Noppen, den sie nie gesehen haben, aber an dem sie gesaugt haben, visuell wiedererkennen. Multimodale Wahrnehmungseinstellung im Sinn einer biologischen Ausstattung bedeutet, daß das Baby in der Erwartung einer dynamischen, sozialen Umwelt geboren wird entsprechend der vorgefundenen Realität, in denen sich die Bezugspersonen simultan in vielen verschiedenen Sinnesmodalitäten äußern. Hier nun sind die Emotionen, deren Ausdruck auch in verschiedenen Sinnesmodalitäten möglich ist, sehr relevant. Schon in den ersten Wochen stellen Affektexpressionen das Beurteilungskriterium dar, ob die Angebote der Bezugspersonen als in sich stimmig oder nicht stimmig empfunden werden. In der Welt des Neugeborenen ist es zentral, daß die Art, wie die Mutter es im Arm hält, wie ihre Stimmlage ist und welche Gesichtsexpressionen sie dabei zeigt, zusammenpassen. So konnte etwa Greenspan (1982) in vielen Untersuchungen mit sogenannten Risikofamilien feststellen, daß neurologisch völlig unauffällig geborene Babys bereits mit vier Wochen Entwicklungsrückstände hinsichtlich der Aufmerksamkeits- und Schlafverteilung und des Eßrhythmus zeigten, wenn ihre Mütter entweder zu große Distanz oder unvorhersagbare, chaotische Stimulationen gegenüber ihren Babys aufzuweisen hatten.

Zusammengefaßt deuten alle Befunde darauf hin, daß von Anfang an die Gestaltung der Beziehung, die Kommunikation und der Austausch mittels affektiver Signale entscheidend für die weitere Entwicklung des Kindes sind, und das ist bei weitem mehr als eine zuverlässige Befriedigung der physiologischen Bedürfnisse. In der heutigen Entwicklungspsychologie ist es unbestritten, daß es eine primäre Motivation zu der Herstellung einer Beziehung oder Bindung gibt (Bretherton 1987). Auch das menschliche Neugeborene wird mit der Erwartung geboren, auf einen Menschen zu treffen, mit dem es eine sichere Beziehung eingehen kann.

Wie sieht nun die erste Beziehung aus, oder genauer, deren beobachtbarer Teil? Wie soll man die Behauptung vieler Forscher, daß sich das Neugeborene von Anfang an im Kontext einer interaktionellen Matrix oder wechselseitigen Austauschbeziehung entfaltet und entwickelt (Emde 1983), konkret auf die Verhaltensebene übersetzen, wenn wir von einer Definition des beobachtbaren Teils der Beziehung als einer Koordination von Aktivitäten zwischen zwei Individuen ausgehen? Welcher Art ist diese Koordination? Anders als in der traditionellen Psychoanalyse betont man heute, daß jedwede physiologische Bedürfnisbefriedigung wie Füttern oder Saubermachen im Rahmen einer sozialen Beziehung zwischen Mutter und Kind stattfindet und daß diese Beziehung normalerweise durch subtile nonverbal-affektive Kommunikationsprozesse, besonders durch Synchronisationsprozesse, gekennzeichnet ist. Zwei Arten solcher Synchronisationsprozesse werden von den Säuglingsforschern unterschieden: eine Synchronisierung als *Gleichzeitigkeit von Verhaltensmustern*, beispielsweise zwischen Stimmqualitäten der Mutter und Körperbewegungen des Babys, die bereits kurz nach der Geburt beobachtbar ist (Condon 1984). Der zweite Synchronisationstyp besteht aus einem *dialogischen Muster*. Von der dritten Woche an zeigen Babys gegenüber leblosen versus lebendigen Objekten ein unterschiedliches Aktivitätsmuster (Brazelton 1983). Nur in Konfrontation mit einem Menschen zeigt das Baby ein sehr schnelles zyklisches Muster von Aufmerksamkeit, verbunden mit verschiedenen vokalen, mimischen und kinetischen Verhaltensäußerungen, und Aufmerksamkeitsrückzug ohne jegliche Aktivität. Damit eine Interaktion zwischen Mutter und Kind fortgesetzt wird, muß die Mutter ihre Verhaltensaktivität genau »timen«, und zwar in das Ruhe-Intervall des Kindes. Wie in einem wechselseitigen Frage- und Antwortspiel ist das Timing des Antwortverhaltens des Partners, das heißt die wechselseitige Feinabstimmung (Stern 198S), ausschlaggebend dafür, ob es zu längeren Interaktionssequenzen kommt oder nicht. Wichtig ist also die Einhaltung einer spezifischen Dialogform, nämlich von rhythmischen Abfolgemustern sowie bestimmten Intensitätskonturen.

Des weiteren haben vor allem die Affektforscher festgestellt, daß auch bestimmte Abfolgen von Emotionsexpressionen zwischen Mutter und Kind die Interaktion begleiten und steuern. Bereits kurz nach der Geburt gibt es mimische und vokale Affektsignale, die nicht einfach Abfuhrreaktionen entsprechen (Spitz 1974), sondern sinnvolle Reaktionen auch auf das Verhalten des Interaktionspartners darstellen. Bereits dreimonatige Babys zeigen in Spielsituationen mit ihren Müttern einen Affektdialog (Malatesta u. Haviland 1985). Dabei wechseln die Kinder im Durchschnitt alle sieben Sekunden ihre Expressionen, die Mütter fast ebenso häufig. In diesen Situationen imitieren die Mütter ihre Kinder nicht einfach, sondern drücken vor allem positive Affekte wie Freude, Überraschung und Interesse aus. In circa 25 Prozent der Expressionswechsel des Kindes erfolgt von seiten der Mütter eine synchronisierte Antwort mit einer Mimikveränderung, wobei die Reaktionszeit der Mutter weniger als eine halbe Sekunde beträgt, also nicht bewußt gesteuert wird.

Die Affektforscher gehen davon aus, daß es am Beginn des Lebens eine *motivational-emotionale Einheit* gibt. Das bedeutet, daß ein Affektsignal in der Mimik etwa einen bestimmten motivationalen Zustand indiziert und einen Handlungswunsch enthält, sei es, daß das Kind selbst etwas tun will oder die Mutter einladen will, etwas zu tun. Das Affektsignal übermittelt sozusagen die Wünsche und Befindlichkeiten. Diese motivational-emotionale Einheit wird von Anfang an einer *Affektsozialisierung* unterworfen, die zu einem Auseinanderbrechen dieser Einheit fuhrt. Das Kind lernt über seine Erfahrungen mit seinen Bezugspersonen, was es mit ihnen teilen kann, welche Affekte die Mutter aushält und handhaben kann und welche nicht. So haben etwa die Bindungsforscher festgestellt, daß zwölf Monate alte Kinder auf die Expression negativer Affekte in der Wiedervereinigungssituation nach einer Trennung von der Mutter verzichten, wenn sie die Erfahrung gemacht haben, daß die Mutter negative Affektsignale nicht tolerieren kann, indem sie sich zum Beispiel zurückzieht. Dieses Verhalten wird als Vermeiden im Dienst der Nähe bezeichnet (Grossmann et al. 1989). Das heißt, das einjährige Kind verzichtet bereits auf die Mitteilung seiner Konflikte, um die Nähe beziehungsweise die Beziehung zur Mutter nicht zu gefährden.

Für das Problem der Übertragung und der Frage, was wird wiederholt, gerade bei schizophrenen Patienten, ist nun bedeutsam, daß einige Forscher (Stern 1985; Wilson u. Malatesta 1989) davon ausgehen, daß die frühen Beziehungserfahrungen, die in Form von Synchronisations- und nonverbalen Dialogerfahrungen vorliegen, weiterbestehen bleiben, unbeschadet der weiteren Entwicklung, besonders der durch den Spracherwerb neu entwickelten symbolischen Beziehungsmöglichkeiten. Es wird angenommen, daß sie eine Art Eigenexistenz weiterführen und nur zu einem geringen Teil überhaupt symbolisch repräsentierbar und verbalisierbar sind. Gleichzeitig wird ihnen ein großer Einfluß auf psychopathologische Entwicklungen zugeschrieben. Die präverbalen Beziehungsformen werden dabei als Fundament oder in gewisser Weise als festgeschriebener Rahmen betrachtet, auf dem sich die durch Sprache vermittelten Bezugsformen aufbauen. Sie setzen die Grenzen dessen, was an Beziehungsformen leb- und denkbar ist. Forscher wie Emde (1988) oder Stern (1985) gehen davon aus, daß eine massive Störung des präverbalen Dialogs im ersten Lebensjahr zur Entstehung schwerer psychischer Störungen führt. Dabei kommen als Störungsursachen verschiedene Faktoren in Betracht, sowohl auf seiten des Kindes wie auf seiten der Bezugsperson(en). So kann es sein, daß die Bezugsperson überhaupt emotional zu wenig verfügbar ist oder daß ihre Verhaltensweisen zu wenig verläßlich und voraussehbar sind. Es kann auch sein, daß positive Gefühle des Kindes zu wenig in Form einer Synchronisierung bestätigt werden oder daß die Mutter negative Gefühle des Kindes nicht aushält, sich zurückzieht oder sich anstecken läßt. Oder das Baby kann konstitutionell zu wenig in der Lage sein, seine Wünsche über Affektsignale mitzuteilen oder erlebt aufgrund einer Übersensibilität die Verhaltensweisen seiner Bezugspersonen als eindringend oder intrusiv. Zudem müssen immer auch wechselseitige Beeinflussungen dieser verschiedenen Faktoren in Betracht gezogen werden. Im letzten Drittel der Schwangerschaft konnte man schon wechselseitige Beeinflussungen feststellen, und zwar derart, daß der Fötus sozusagen aus Selbstschutz einschläft, wenn die Mutter unter Stress steht, was offensichtlich nicht allen Föten gelingt (Brazelton 1983). Ebenso darf man nicht vergessen, daß das Ungeborene über die physiologisch-hormonellen Emotionsanteile bereits über die Stimmungen der Mutter »informiert« ist.

Wie die Störungen oder Fehlregulierungen im einzelnen auch aussehen mögen – leider gibt es auf diesem Gebiet noch keine Längsschnittuntersuchungen –, als Effekt ist eine spezifische Ich-Schwäche oder Identitätsunsicherheit zu erwarten, weil das Kind die Erfahrung nunmehr in sich trägt, daß seine Wünsche und Bedürfnisse keine Bestätigung oder Antwort erhalten. Mit einem anderen zusammen zu sein bedeutet vielmehr, entweder alleingelassen zu werden oder vom anderen beherrscht zu werden. Meines Erachtens sind solche elementaren Erfahrungen die Basis für psychotische Ängste wie vernichtet oder aufgefressen zu werden. Gleichzeitig sind sie dafür verantwortlich, daß sich keine innere Autonomie entwickeln kann und so ein Dilemma zwischen Abhängigkeit und Rückzug verbleibt. Erst hier sollte man von symbiotischen Beziehungsformen sprechen, die allerdings keineswegs lustvoll oder positiv erlebt werden. Psychoanalytische Säuglingsforscher (z. B. Emde 1988; Stern 1985) kommen zu dem Schluß, daß die beschriebenen malignen Beziehungserfahrungen auch zu einer spezifischen Übertragungs- und Wiederholungsform führen, nämlich zu einer vorsichtigen, defensiven Haltung in Beziehungen. Stern (1985) meint, daß Menschen mit solchen ungenügenden präverbalen Dialogerfahrungen in ihrem späteren Leben von starken Gefühlen des Alleinseins beherrscht sein werden und wahrscheinlich große Angst vor Intimität entwickeln. Das bedeutet für die Gestaltung von Beziehungen das Vermeiden von enger Gemeinsamkeit – auf die Verbaltensebene übersetzt: das Vermeiden von Synchronisierung, was nicht dasselbe ist wie Abhängigkeit. Die Annahme, daß schizophrene Patienten in ihrem interaktiven Verhalten bestrebt seien, eine Intimität oder Nähe so weit wie möglich zu vermeiden, stellte die zentrale These der Untersuchungen meiner Kollegen und mir mit schizophrenen Patienten dar (Steimer-Krause et al. 1990).

Die Ausgangssituation der Untersuchungen bestand in dyadischen Interaktionen, in denen schizophrene Patienten zwanzig Minuten mit gesunden, ihnen unbekannten Personen ein Alltagsgespräch führten. Wir wählten relativ stabile Patienten ohne Produktivsymptome, weil wir an subtilen affektiven Gesprächsregulationen interessiert waren. Aus demselben Grund wurden die jeweiligen gesunden Partner auch nicht darüber informiert, daß sie mit einem Patienten sprachen. Diese Interaktionen wurden von drei ferngesteuerten Kameras aufgenommen. Fast das gesamte Spektrum nonverbalen Verhaltens, also die Mimik, das Blickverhalten, die Körperhaltungen und das paraverbale Verhalten, wurde extensiv auf der Mikroebene analysiert. Zuzüglich wurden die verbalen Inhalte der Gespräche untersucht. Im weiteren werde ich mich auf einige Ergebnisse aus zehn Dyaden mit ambulant behandelten schizophrenen Patienten beschränken, die mit zehn Kontrolldyaden mit ausschließlich gesunden Personen verglichen wurden, weil ich mich mit der Erforschung des Interaktionsverhaltens dieser Gruppen am intensivsten beschäftigt habe (Steimer-Krause 1996). Erstens, unsere Ausgangshypothese einer globalen Intimitätsvermeidungsstrategie auf seiten der Patienten in allen Verhaltensbereichen konnte nicht bestätigt werden. Sowohl das Verhalten der Patienten als auch das ihrer gesunden

Gesprächspartner ist widersprüchlich. Zweitens, eine Vermeidung von Gemeinsamkeit ist vor allem im mimisch-affektiven Verhalten zu finden. Die Patienten sind insgesamt mimisch sehr viel starrer, zeigen weniger mimische Expressionen emotionalen Engagements (beispielsweise Hoch- und Runterziehen der Augenbrauen). Ebenso lächeln sie weniger, wobei diese Befunde, wie entsprechende Überprüfungen zeigten, nicht auf die Medikation zurückzuführen sind. Gleichzeitig zeichnen sich die Patienten durch ein erhöhtes Ausmaß von Verachtungsmimik aus. Letzteres unterscheidet sie deutlich von anderen Krankheitsgruppen. Das vermehrte Zeigen von Verachtung wurde bereits von anderen Psychoanalytikern wie etwa Searles (1974) oder Fairbairn (1952) als etwas Spezifisches für schizophren Erkrankte angesehen und als Ausdruck einer Abwehr von Abhängigkeitswünschen interpretiert. Auch für Affektforscher repräsentiert Verachtung einen sogenannten kalten Affekt, der im Unterschied zu dem anderen wichtigen negativen Affekt, nämlich Wut, Distanz provoziert (Moser 1985). Drittens, interessanterweise finden wir im mimischen Ausdrucksverhalten Anpassungsphänomene bei den gesunden Gesprächspartnern. Auch deren Expressivität ist reduziert, und auch sie zeigen mehr Verachtung als die gesunden Personen der Kontrolldyaden. Viertens, die Patienten zeigen weniger mimisch-synchrone Reaktionen. Die Analyse der mimischen Synchronisationen in Relation zur mimischen Gesamtproduktivität beider Partner erbrachte das Ergebnis, daß die Patienten das Synchronisationsverhalten ihrer gesunden Partner sehr stark kontrollieren. Auch dies entspricht einer Distanzierungsstrategie. Da es sich hierbei um Phänomene handelt, die schneller als eine Sekunde ablaufen, wird zum einen deutlich, daß es sich nicht um bewußt gesteuerte Prozesse handeln kann. Zum anderen muß man davon ausgehen, daß die Gesprächspartner – in dieser Weise kontrolliert, ohne es zu wissen und dies sagen zu können – in eine spezifische Haltung oder Gegenübertragung geraten. So zeigten denn auch weitere Feinanalysen, daß die gesunden Partner der Patienten selbst ein Stück der interaktiven Distanzierung rasch übernehmen, indem sie etwa beim Lächeln, besonders beim gemeinsamen Lächeln, mehr den Kopf wegdrehen und/oder wegblicken (vgl. Abbildungen in Steimer-Krause 1996). Fünftens, diese wechselseitigen mimisch-affektiven Regulierungen sind in den weiteren nonverbalen Kontext eingebettet. Die Befunde weisen darauf hin, daß die Patienten relativ erfolgreich die Sprecherrolle vermieden haben. Sie redeten weniger, der Sprachfluß war mit vielen Pausen insgesamt schleppender. Allerdings zeigten die gesunden Partner noch mehr Pausen, aber übernahmen – wenn auch unwillig – die Gesprächsverantwortung, das heißt, sie kompensierten den Sprechanteil. Darin wurden sie von den Patienten durch ein intensives Zuhörerverhalten unterstützt, das sowohl aus sogenannten verbalen Back-channel-Signalen, wie »hm«, »ja« und so weiter, als auch aus intensiven Blick- und Kopfzuwendungen bestand, wenn der gesunde Partner am Reden war. Insgesamt lassen sich die Ergebnisse als eine *negative Intimität* interpretieren, nämlich daß die Patienten relativ erfolgreich eine aktive Rolle vermeiden konnten, gleichzeitig aber durch ihre intensiven visuellen und kinetischen Zuwendungen in der Beziehung zum Partner geblieben sind. Dabei handelte es sich aber nicht um eine affektiv positiv gestaltete, zugewandte, passive Zuhörerhaltung, weil mimisch-affektiv die Beziehung über die Starrheit, die vielen Verachtungsexpressionen und den Mangel an Synchronisationen auf Distanz gehalten wurde. Man könnte sagen, daß die gesunden Partner in gewisser Weise den Wünschen der Patienten nach Distanz entsprachen. Sie übernahmen den aktiven Part, aber zogen sich gleichzeitig vom Patienten emotional zurück, was sich in ihrer reduzierten mimischen Expressivität wie kinetischen Zuwendung als auch in ihrem visuell-kinetischen Ausweichen in Situationen hoher interaktiver Intimität, nämlich beim gemeinsamen Lächeln, kundtat. Das Verhalten beider Gesprächspartner paßt zusammen. Es ergibt ein Muster, das – in psychoanalytischer Terminologie ausgedrückt – als interaktiver Vollzug einer projektiven Identifizierung (Sandler 1987) interpretiert werden könnte.

Literatur

Brazelton, B. T. (1983): Precursors for the development of emotion in early infancy. In: Plutchik, R.; Kellerman, H. (Hg.), Emotion. Vol. 2: Emotions in Early Development. New York, S. 35-55.

Bretherton, I. (1987): New perspectives on attachment relations: security, communication and internal working models. In: Osowsly, J. D. (Hg.), Handbook of Infant Development. New York, S. 1061-1100.

Condon, W. S. (1984): Communication and empathy. In: Lichtenberg, M.; Barnstein, M.; Silver, D. (Hg.), Empathy II. London, S. 35-58.

Dahl, H. (1979): The appetite hypothesis of emotion. A new psychoanalytic model of motivation. In: Izard, C. (Hg.), Emotions and Personality in Psychopathology. New York, S. 199-223.

De Rivera, J. (1977): A Structural Theory of the Emotions. New York.

Ekman, P. (1982): Emotions in the Human Face. Cambridge.

Emde, R. N.; Robinson, J. (1979): The first two months: recent research in developmental psychobiology and the changing view of the newborn. In: Nosphitz, J.; Call, J. (Hg.), American Handbook of Child Psychiatry. New York, S. 72-105.

Emde, R. N. (1983): The prerepresentational self and its affective core. Psychoanal. Study Child, 38: 165-192.

Emde, R. N. (1988): Development terminable and interminable, I + II. Int. J. Psychoanal. 69, Teil I: S. 23-42, Teil II: S. 283-296.

Fairbairn, W. R. D. (1952): Psychoanalytic Studies of the Personality. London.

Freud, S. (1912): Zur Dynamik der Übertragung. Studienausgabe Ergänzungsband. Frankfurt a. M., S. 157-168.

Freud, S. (1920): Jenseits des Lustprinzips. Studienausgabe, Bd. III. Frankfurt a. M., S. 213-272.

Greenspan, S. (1982): Developmental morbidity in infants in multi-risk-factor families: clinical perspectives. Public Health Reports, 97: 16-23.

Grossmann, K. E.; August, P.; Fremmer-Bombik, E.; Friedl, A.; Grossmann, K; Scheuerer-Englisch, H.; Spangler, G.; Stephan, C.; Suess, G. (1989): Die Bindungstheorie. Modell und entwicklungspsychologische Forschung. In: Keller, H. (Hg.), Handbuch der Kleinkindforschung. Heidelberg, S. 32-55.

Krause, R. (1997): Allgemeine Psychoanalytische Krankheitslehre. Bd. 1. Stuttgart.

Mahler, M. S.; Pine, F.; Bergman, A. (1980): Die psychische Geburt des Menschen: Symbiose und Individuation. Frankfurt a. M.

Malatesta, C. Z.; Haviland, J. M. (1985): Signals, symbols and socialization – the modification of emotional expression in human development. In: Lewis, A.; Saarni, C. (Hg.), The Socialization of Emotions. New York, S. 89-116.

Meltzoff, A. N. (1985): The roots of social and cognitive development: models of man's original nature. In: Field, T. M.; Fox, N. A. (Hg.), Social Perception in Infants. Norwood, N. J., S. 1-30.

Moser, U. (1985): Die Funktion der Grundaffekte in der Regulierung von Objektbeziehungen: Ontogenetische Gesichtspunkte. In: Berichte aus der interdisziplinären Konfliktforschungsstelle der Universität Zürich, Nr. 25, Zürich.

Sandler, J. (1976): Countertransference and role-responsiveness. Int. Rev. Psychoanal., 3: 33-42.

Sandler, J. (1982): Unbewusste Wünsche und menschliche Beziehungen. Psyche, 36: 59-74.

Sandler, J. (1987): Projection, Identification, Projective Identification. Madison.

Scherer, K. R. (1984): On the nature and function of emotion: A component process research. In: Scherer, K. R.; Ekman, P. (Hg.), Approaches to Emotion. Hillsdale, N.Y., S. 293-317.

Searles, H. F. (1974): Der psychoanalytische Beitrag zur Schizophrenieforschung. München.

Spitz, R. (1974): Vom Säugling zum Kleinkind. Stuttgart.

Steimer-Krause, E.; Krause, R.; Wagner, G. (1990): Prozesse der Interaktionsregulierung bei schizophren und psychosomatisch erkrankten Patienten. Z. Klin. Psychol., 19: 1-18.

Steimer-Krause, E. (1996): Übertragung, Affekt und Beziehung. Theorie und Analyse nonverbaler Interaktionen schizophrener Patienten. Bern.

Stern, D. (1985): The Interpersonal World of the Infant. New York.

Wilson, A.; Malatesta, C. (1989): Affect and the compulsion to repeat. Psychoanal. Contemp. Thought, 12: 265-312.

Annette Streeck-Fischer

Psychose und Trauma – Verrückungen als Traumafolge

Klinische Erfahrungen mit psychosenahen/ psychotischen Jugendlichen

Klinisches Beispiel

Der vorgereifte, blaß und tief depressiv erscheinende 14jährige A. hatte seit einem halben Jahr eine besondere Vorliebe für grauenhafte Inszenierungen. Er zeigte vordergründig ein angepaßtes Verhalten, und gleichzeitig brachte er in seiner Erscheinung eine tiefe Erstarrung zum Ausdruck, die in seinem Körper wie eingegraben war. Abgespalten davon passierten ihm, wie er vermittelte, massive und gefährlich-destruktive Handlungen, zum Beispiel quälte er kleinere Kinder.

Er war Adoptivkind. Im Alter von neun Monaten wurde er von den Adoptiveltern übernommen. Bis dahin hatte er bei seiner jugendlichen Mutter gelebt, die ihn nicht abtreiben durfte, sondern das Kind zur Strafe für ihren Fehltritt austragen mußte. Bei Übernahme durch die Adoptiveltern zeigte er einen deutlichen Entwicklungsrückstand. Seine Haut war übersät mit Narben, die durch frühe Mißhandlung und Vernachlässigung entstanden waren. In seiner kognitiven Entwicklung ist er gut durchschnittlich bis überdurchschnittlich, mit extremen Diskrepanzen zwischen verschiedenen Teilbereichen. Er hatte deutliche Lern-, Leistungs- und Aufmerksamkeitsstörungen.

Bei der Untersuchung seiner sensorischen Integrationsfähigkeit zeigte er Störungen in der Reizverarbeitung. Er hatte kein Schmerzempfinden und eine ausgeprägte Raumorientierungsstörung. Seine Betäubungen versuchte er durch Thrillerlebnisse, insbesondere durch Betrachtung grauenhafter traumatischer Inszenierungen zu überwinden. Er war ein Fan der Musikgruppe »Rammstein«, die Gewalthandlungen mit Schreien, Zerstückelungen, Verbrennungen und Folterszenen auf der Bühne in Verbindung mit Musik inszeniert. Er zeichnete grauenhafte Bilder und phantasierte sich in eine nicht minder grauenhafte Welt.

Wie war es zu dieser von Grauen und Menschenverachtung geprägten Entwicklung gekommen? Es war den Adoptiveltern früh aufgefallen, daß ihm das Schmerzempfinden fehlte. Er hatte sich einmal mit dem Messer bis auf den Knochen geschnitten und keinerlei Schmerz verspürt. Auch in die Schmerzen und das Empfinden anderer Kinder konnte er sich nicht einfühlen. Er hatte einmal einen anderen Jungen im Kindergarten mehrfach eine Zaunlatte auf den Kopf geschlagen und trotz der intensiven Schreie des anderen nicht damit aufgehört, sondern gelacht. In der Schule hatte er von Anfang an Ablehnung anderer Kinder erfahren. Er hatte ständig Alpträume. Als kleineres Kind hatte er häufiger Träume vom Fallen, die sich über mehrere Nächte fortsetzten. Oft hatte er nachts Angst. Manchmal hatte er sich nachts die Ohren zuhalten müssen, da er glaubte, Stimmen zu hören. Manchmal meinte er auch, seine Mutter zu hören, die einen Namen rief. Er hatte häufiger das Gefühl, bestimmte reale Situationen schon einmal erlebt zu haben (Déjà-vu-Erlebnisse).

Auf der Station lebte er zurückgezogen. Sein Zimmer war abgedunkelt. Er verhielt sich stumm, seinen Kopf verborgen unter einer Kapuze, wie ein Fremder, unsichtbar und unerkannt. Seine frühen und komplexen traumatischen Erfahrungen hatten zu einem Leben in einer fremden Welt, einer Pararealität geführt, die von Monsterwesen und Grauen bevölkert war. Mit seinen akustischen Halluzinationen, seinen Derealisationen, Depersonalisationen und Realitätsverzerrungen, die mitunter wahnhaften Charakter annahmen, gelang es ihm nur schwer, die Grenzschicht (Winnicott 1971) zwischen Realität und Phantasie, zwischen Innenwelt und Außenwelt[1] aufrechtzuerhalten. Es lag bei ihm eine psychosenahe Entwicklung als Folge komplexer Traumatisierung vor.

---

[1] »… soweit er in seiner Entwicklung eine reife Integration und den Aufbau eines einheitlichen Selbst mit Innenwelt, Außenwelt und Grenzschicht erreicht hat« (Winnicott 1971/1987, S. 124).

Manchmal taucht nicht einmal mehr die Frage auf, ob nicht auch andere als biologische Faktoren bei psychotischen Erkrankungen eine Rolle spielen, und geradezu ungewöhnlich ist es, neben hereditären Belastungen, genetischen und konstitutionellen Aspekten reale traumatische Belastungen als Auslöser für psychosenahe und psychotische Störungen zu vermuten. Verbindungen zwischen traumatischen Erfahrungen und psychotischen Erkrankungen wurden bisher wenig untersucht, obwohl es naheliegt, daß schwere traumatische Belastungen nicht nur das Urvertrauen in bisherige Sicherheiten, sondern auch das Welterleben verrücken können.

Annahmen zum Kausalzusammenhang von Psychose und Trauma

Klinische Erfahrungen und neuere Forschungsergebnisse zu Folgen traumatischer Belastungen legen es nahe, den entwicklungsorientierten Verstehensansätzen von neurotischen Störungen, Persönlichkeits- und auch psychotischen Störungen mit Hilfe von Trieb- und Strukturlehre, Ich- und Objektbeziehungspsychologie eine andere, weitere Perspektive hinzuzufügen. Mehrere Autoren haben auf die Bedeutung traumatischer Belastungen, des plötzlichen oder anhaltenden Einwirkens und der Überwältigung durch traumatische Erfahrungen für psychotische Dekompensationen bei Holocaust-Überlebenden (z. B. Kisker 1961; Venzlaff 1968; Kestemberg 1995), bei Vietnam-Soldaten (z. B. Arnold 1985; Butler et al. 1996) und anderen Extremtraumatisierten hingewiesen. Darüber hinaus wurden psychotische Störungen in der zweiten und dritten Generation von Holocaust-Überlebenden beschrieben (z. B. Oliner 1995; Kogan 1995; Link et al. 1985). Solche Zusammenhänge wurden bisher jedoch nur an Einzelfällen dargestellt. McGorry et al. (1991) und William-Keeler et al. (1994) erwähnen Patienten, die im Anschluß an eine akute Psychose eine posttraumatische Belastungsreaktion zeigen. Autoren bringen die posttraumatische Belastungsreaktion mit der Psychose ursächlich in Verbindung. Inwieweit bereits die psychotische Dekompensation eine akute überwältigende Belastungsreaktion auf ein zuvor erfahrenes Trauma gewesen ist, bleibt unklar. Wenig untersucht ist auch, ob traumatische Belastungen auf dem Weg familiäre Transmission in nachfolgenden Generationen zu psychotischen Störungsbildern führen können.

Bei Kindern und Jugendlichen mit Zwangsstörungen, die in der Klinik Tiefenbrunn behandelt wurden, fiel uns auf, daß es nicht ungewöhnlich ist, wenn traumatische Belastungen an die nachfolgende Generation weitergegeben werden (Streeck-Fischer 1998c). Bei einigen Patienten zeigte sich, daß die Eltern ihre eigenen traumatischen Erfahrungen durch übermäßige Fürsorge und Kontrolle über ihre Kinder zu bewältigen versuchten (vgl. Fonagy 1998). Charakteristisch war bei ihnen ein grenzüberschreitender Beziehungsmodus, wie er bei frühen Entwicklungsstörungen, posttraumatischen Belastungsstörungen und Psychosen zu finden ist.

Bei einer Untersuchung von psychotischen Patientinnen stellte sich heraus, daß viele in der Vergangenheit sexuell mißbraucht wurden (Goff et al. 1991). In welchem Ausmaß solche anhaltenden und komplexen traumatischen Belastungen auch psychotische oder psychosenahe Entwicklungen beeinflußt haben, ist jedoch auch hier unbeantwortet geblieben.

Eine bei Beginn ihrer Behandlung 22jährige Patientin mit einer Angststörung, die während ihrer Psychotherapie psychotisch dekompensierte, schrieb mir Jahre später einen Brief. Dort heißt es: »Im übrigen hat mich der S. nicht vergewaltigt, das habe ich nie behauptet, stimmt auch nicht. Ist auch kein Grund, mir eine Paranoia anzuhängen – ich laufe hier ja unter Paranoia. Wenn Sie ihn sehen, können Sie ihm schöne Grüße bestellen und ihm sagen, er wäre zwar gut im Bett gewesen, aber ich habe ihn nicht geliebt ... Im übrigen waren es wohl einige sexuelle Traumata, warum ich krank geworden bin, und dann die ständige schlechte Laune meiner Mutter ...«

Die Ähnlichkeit von Symptomen, die nach traumatischen Belastungen auftreten, mit denen von psychotischem Erleben habe laut Arnold (1985) dazu geführt, daß nicht wenige Vietnamveteranen die Diagnose »Paranoide Schizophrenie« erhielten. Als differentialdiagnostisches Kriterium führt er auf, daß die dissoziierten Rückblenden und Erinnerungsbilder, die als Halluzinationen betrachtet wurden, bei Vietnamveteranen traumatische Erfahrungen ausdrücken, während die Halluzinationen von schizophrenen Patienten sich zumeist nicht mit tatsächlichen Erfahrungen in Verbindung bringen lassen. Solche Schlußfolgerungen sind jedoch insofern mit Zurückhaltung zu betrachten, als es gerade für traumatische Erfahrungen charakteristisch ist, daß konkrete Erinnerungen als Folge von Amnesien und Dissoziationen verlorengehen können. Im übrigen haben Butler et al. (1996) festgestellt, daß die Halluzinationen Traumatisierter durchaus verzerrt sein und verändert werden können (»... some person report halluzinations and delusions that do not appear to be related to their traumatic event« (S. 842).

Psychotische Dekompensationen und vorübergehende, sich erstmalig manifestierende psychotische Episoden von Jugendlichen, mit denen wir im klinischen Alltag konfrontiert werden, veranlassen uns weniger, nach biologischen beziehungsweise hereditären Faktoren zu suchen als vor allem nach Auslösern in Vergangenheit und Gegenwart im unmittelbaren Umfeld dieser jugendlichen Patienten, die den dekompensierten Zustand erklären können. Insbesondere interessieren dabei reale traumatische Belastungen in der frühen und späteren Entwicklung und in der vorangegangenen Generation. Solche Verbindungen sind uns im therapeutischen Umgang inzwischen von unschätzbarer Bedeutung. Sie sind deshalb so wichtig, weil reale Belastungen den halluzinatorischen oder wahnhaften Elementen eines auf den ersten Blick unverständlichen Erlebens einen realen und verständlichen Bezug geben können. Erfahrungen aus Behandlungen von Überlebenden des Holocaust und der nachfolgenden Generation (z. B. Oliner 1995; Kogan 1998) zeigen, daß Rekonstruktionen traumatischer Erfahrungen einen wesentlichen Beitrag dazu leisten können, die Betroffenen aus ihrem Zustand der Verwirrung und des Verlusts von Grenzen zwischen Zeit, Ort, Selbst und Objekt, Realität und Phantasie herauszuführen.

Oliner (1995) bedauert, daß der Begriff der hysterischen Psychose als diagnostische Kategorie kaum noch Anwendung findet. Sie hat Patienten mit Dissoziationen psychotischen Ausmaßes untersucht. Bei Kindern Überlebender des Holocaust konnte sie feststellen, daß sie psychotische Phasen durchliefen, ohne an einer für die Schizophrenie charakteristischen Fragmentierung zu leiden; sie verfügten zugleich über eine Ich-Stärke, die mit psychotischen Episoden normalerweise nicht vereinbar ist. Sie verfielen zudem nicht in einen chronisch-psychotischen Zustand, so daß »der episodisch verkrustete Charakter der Psychose eher an eine traumatische Reinszenierung mit einem veränderten Bewußtseinszustand denken ließ als an einen Fragmentierungszustand« (Oliner 1995, S. 297). Die nachträglichen Untersuchungen des Schreber-Falls von Niederland (1978) gehen in eine ähnliche Richtung. Sie zeigen, wie weitgehend das psychotische Erleben von Schreber in Verbindung mit seinen tatsächlichen und massiven Mißhandlungserfahrungen stand.

Zur Seelenblindheit oder zum Verlust des Realen – Wie die Wahrnehmung von Realität verlorengeht

Täglich werden wir durch die Medien mit Schreckensmeldungen konfrontiert. Kriege, Erdbeben, die Zehntausende von Todesopfern zur Folge haben, Bombenattentate und Meldungen über Verbrechen bestimmen die Nachrichten, aber eher selten reagieren wir erschrocken, betroffen oder erschüttert. Solche Nachrichten werden aufgenommen und manchmal schnell beiseite gedrängt. Wenn wir unerwartet doch berührt wurden, suchen wir Erklärungen, nach Sinnzusammenhängen und Ordnungen, die dazu verhelfen, unerträgliche und ungehaltene Zustände zu halten und zu ertragen. Die Annahme, überwältigende Beschreibungen von Patienten seien psychotische Manifestationen, kann einen solchen Versuch darstellen, Ordnung zu schaffen, Distanz herzustellen und sich zu schützen. Manchmal schieben wir wichtige Informationen beiseite, vergessen oder verlieren sie. Die Mitteilung schrecklicher Ereignisse verschwindet dann gleichsam in einem Loch des Nicht-Wahrnehmens, Nicht-Fühlens oder Nicht-Verstehens. Wir reagieren mit Seelenblindheit und Betäubung, um Verwirrung, Grauen und Erschütterung zu entgehen, ähnlich wie die Patienten selbst. Es handelt sich in beiden Fällen um »natürliche« Abwehrbewegungen der Reizabschirmung oder -selektion, die mit dissoziativen Vorgängen einhergehen. So verständlich diese unmittelbaren Reaktionen sind, so problematisch sind sie für den therapeutischen Umgang und das Verständnis traumatisierter Patienten, da sie mit dem Verlust der Wahrnehmung des Realen und damit dem Verlust eines für den Patienten authentischen Sinnzusammenhangs einhergehen. »Auf die Reizüberflutung, die in die Integrität des Subjektes einbricht, antwortet das Subjekt weder mit einer adäquaten Abfuhr noch mit einer psychischen Verarbeitung« (Freud 1924b). Freud wies darauf hin, daß es bei traumatischen Störungen zu einer weit umfassenderen Schwächung und Zerrüttung der seelischen Leistungen kommt, hat diese Auswirkungen jedoch nicht genauer beschrieben.

Für die Psychose meinte Freud allerdings: »Bei der Neurose unterdrückt das Ich in Abhängigkeit von der Realität ein Stück des Es, während das Ich bei der Psychose im Dienste des Es von einem Stück der Realität zurücktritt« (1924b, S. 365) und: »Bei der Psychose ... schafft sich das Ich selbstherrlich eine neue Außen- und Innenwelt, und es ist kein Zweifel an zwei Tatsachen, daß diese neue Welt i. S. der Wunschregungen des Es aufgebaut ist, und daß eine schwer erträglich erscheinende Wunschversagung der Realität das Motiv des Zerfalls der Aussenwelt ist« (1924a, S. 389).

Seine Erklärung der Angst einer paranoiden Patientin, die befürchtet, von ihrem Liebhaber kompromittiert zu werden, führt ihn demzufolge zu ihren unbewußten Wünschen, anstatt die Realität ihrer Wahrnehmung erst einmal zu überprüfen. Er erkennt in einem Geräusch, das die Patientin beunruhigte, während sie in verfänglicher Weise mit dem Mann auf dem Bett lag, ihre Empfindung vom Pochen oder Klopfen an der Klitoris. Er sieht darin unerfüllte Triebwünsche, die sie nachträglich auf ein äußeres Objekt hinausprojizierte (Freud 1915, S. 244). Freud lenkt die Blickrichtung auf Triebwünsche und eine von ihm konstruierte vermeintliche psychische Realität, während die faktische und historische Realität unbedeutend bleiben. Diesen Schritt – weg von der faktischen Realität – vollzieht Freud noch radikaler bei psychotischen Störungen.

Matejek (1999) hat erörtert, daß bei psychotischen Patienten Abwehrformationen auftreten, die das Denken hemmen (vgl. Bion 1965). Der rigiden wahnhaften Gewißheit des paranoiden Patienten stellt er die wahnhafte Objektivität des Therapeuten gegenüber. Theorie dient dabei als Schutzschild gegen Unbekanntes und Beängstigendes. Der Verlust des Realen läßt sich auch in der Borderline-Diagnostik aufzeigen, wo die Auswirkungen realer Traumatisierungen und schrecklicher Realitäten über lange Zeit hinweg unbeachtet geblieben sind. So meint Kernberg (1999), daß das Vorherrschen schwerer chronischer aggressiver Affekte und aggressiver primitiver Objektbeziehungen die normale Integration von idealisierten und verfolgenden internalisierten Objekten verhindere. Traumatische Erfahrungen wie körperliche Mißhandlungen, sexueller Mißbrauch oder das Erleben körperlicher und sexueller Gewalt seien schmerzhafte Erlebnisse, die reaktive Aggression auslösen und zu einem Vorherrschen primitiver Aggression als zentralem Element für die Entwicklung von Persönlichkeitsstörungen führten. Chronische Aggression und traumatische Erfahrungen miteinander zu verbinden heißt nach Kernbergs Ansicht, ätiologische Elemente zu verwischen. Eine Folge von Kernbergs Auffassung ist dann, daß die historische Realität der tatsächlich erlittenen traumatischen Erfahrungen ausgeblendet werden. Die gehandelten und verkörperten Botschaften der Patienten erscheinen so zwangsläufig unverständlich, konfus und ohne Bezug zu realen Erfahrungen.

Was bewirken schwere Traumata in der Entwicklung? – Zum Übererregungs- und Dissoziationskontinuum

Terr (1995) unterscheidet zwei Gruppen von Traumata, Typ 1 mit *einmaligen akuten* und Typ 2 mit *komplexen* und *fortgesetzten* Traumaerfahrungen.

Bei Patienten mit komplexen Traumatisierungen kommt es zu Störungen in der Selbst-, Impuls- und Affektregulation. Sie geraten in Zustände von Betäubung (numbing), Apathie und Rückzug. Perry (1999) spricht von einem Dissoziationskontinuum. Das anhaltende Vermeiden von Reizen, eventuell auch die Abflachung der allgemeinen Reagibilität, zeigt eine Tendenz in Richtung auf die sogenannte Minus-Symptomatik schizophrener Patienten. Gedanken und Gefühle werden vermieden, bestimmte Orte, Aktivitäten oder Menschen aufgegeben. Daraus folgt eine eingeschränkte Bandbreite der Affekte und eine Einengung im Hinblick auf Zukunft.

Andere Patienten geraten in Übererregungszustände, die mit Schlafstörungen, maniformem Verhalten und paranoiden Ideen einhergehen können. Positive psychotische Symptome wie Halluzinationen, Wahnideen und bizarres Verhalten werden berichtet. Halluzinationen können, müssen aber nicht mit dem ursprünglichen Trauma übereinstimmen. Insbesondere bei dissoziativen Störungen treten Verwirrungen hinsichtlich des Selbst, der Zeit und des Ortes auf. In Abgrenzung zu Schizophrenien sollen Denkstörungen bei traumatisch bedingten Psychosen nicht vorkommen (Offringa u. Goff 1995). Aufgrund meiner eigenen klinischen Erfahrung mit Kindern, Jugendlichen und jungen Erwachsenen kann ich das für traumatisch bedingte Störungen so nicht bestätigen.

Unsere Untersuchungen von in Tiefenbrunn behandelten Kindern und Jugendlichen mit traumatisch bedingten Störungen zeigen, daß diese jungen Patienten nicht nur in ihrer psychischen, sondern zugleich in ihrer körperlichen, kognitiven und affektiven Entwicklung beeinträchtigt sind. Ihre Fähigkeiten zur sensorischen Integration sowie ihre kognitiven, ihre Spiel- und ihre Phantasiefähigkeiten sind eingeschränkt. Sie haben in der Regel schwere Lernstörungen, verursacht durch Aufmerksamkeits- und Konzentrationsstörungen, akustische und visuelle Perzeptionsstörungen und Sprachprobleme. Ihre Reizschutzschwelle ist oft gestört in Richtung auf eine erhöhte Irritabilität oder Abstumpfung. Auch ihre Koordinationsfähigkeiten und ihr Gleichgewichtssinn können gestört, ihre Körperspannung erniedrigt und ihre Raumorientierung beeinträchtigt sein. Es handelt sich um Störungen, wie sie von Klosterkötter (1992) als basale Irritationen beschrieben wurden, die dem schizophrenen Kernsyndrom vorweggehen. Depersonalisation und Diskriminierungsstörungen im Bereich der optischen und akustischen Wahrnehmungen, wie sie etwa bei Déjà-vu-Erlebnissen und Stimmenhören auftauchen, werden als Zwischenphänomene des schizophrenen Kernsyndroms bezeichnet. Solche Zwischenphänomene im Übergang zu Denkstörungen treten auch als Folge von Traumatisierungen auf.

Chronische und komplexe Traumatisierungen führen zu schweren Beziehungsstörungen sowohl im Hinblick auf das Selbst, auf die Umwelt wie auch auf das Zusammensein mit anderen. Fraiberg (1982) hat in einer Untersuchung über mißhandelte Säuglinge primäre Reaktionen beschrieben, mit denen diese Kinder unerträgliche Bedingungen zu überleben versuchen: Die Kinder vermeiden Blickkontakt und blenden die Mutter und damit die Schmerzquelle völlig ab. Weiter beschreibt sie Erstarrungsreaktionen und in der späteren Entwicklung das Fightening, das mit Unruhe und destruktivem Agieren verbunden ist. Solche primären Reaktionen haben nichts mit Verleugnung zu tun. Die Kinder reagieren mit einem sensorischen shut-down gegenüber der schmerzhaften traumatischen Erfahrung, was zu einem kognitiven Stillstand und Dissoziation von unerträglichen Gefühlen und Wahrnehmungen führt. Der traumatische Bruch im frühen und dann auch im weiteren Dialog zwischen Mutter und Kind hat zur Folge, daß sensomotorische und affektive Koordinationsprozesse und – in Verbindung damit – automatisch sich ständig adaptierende Rekategorisierungsprozesse zerstört werden.

Mit posttraumatischen Belastungsstörungen gehen typische Bewußtseinsveränderungen wie Amnesien, Hypermnesien, Dissoziationen, Depersonalisation, Derealisation, Flashbacks und Alpträume einher. Diese wiederkehrenden belastenden Erinnerungen können zu Reenactments führen, zu optischen und akustischen Halluzinationen und dem Verlust der Unterscheidung zwischen Realität und Phantasie. Als Folge sind die Selbstwahrnehmung und die Wahrnehmung von anderen gestört. Zwischen Selbst und Objekt, Realität und Phantasie, Vergangenheit und Gegenwart kann nicht ohne weiteres unterschieden werden. Solche Grenzenstörungen werden an dem eingangs beschriebenen Jugendlichen deutlich. Seine Erstarrung, der Rückzug, die affektive und körperliche Betäubung, Einengung und Sprachlosigkeit würden sich dem Minuspol bei einer schizophrenen Symptomatik zuordnen lassen.

Anders bei der 16jährigen B. Sie wurde von wiederkehrenden Bildern überwältigt, in denen sie sich vor ein Auto warf. Gleichzeitig geriet sie in Zustände, in denen sie von einem Ungeheuer in ihr bedroht war. Unter solcher Umständen wurden die Umwelt und die Personen in ihr völlig unvertraut, und sie war sicher, daß andere, völlig fremde Personen über sie redeten. Ihre Halluzinationen, ihre Wahnideen und ihre Erregungszustände würden sich dem Pluspol einer schizophrenen Symptomatik zuordnen lassen. Ihre Problematik war auf traumatische Erfahrungen mit ihrer schwerkranken, zeitweilig verwirrten Mutter zurückzuführen. Die Halluziationen waren Neuschöpfungen eines Täter- und eines Opferintrojekts.

In der folgenden Übersicht sind verschiedene Reaktionen als Folge traumatischer Belastungen zusammengestellt. Ähnlich wie bei der Minus- und der Plussymptomatik bei psychotischen Erkrankungen können sie einem Minus- und Pluspol zugeordnet werden (vgl. Mentzos 1995). Es stellt sich die Frage, ob es hier möglicherweise Übergänge gibt. Da posttraumatische Belastungsstörungen auch nach Psychosen auftreten können (Goff et al. 1991), kann es differentialdiagnostisch schwierig sein, beide voneinander zu unterscheiden.

Minuspol = Dissoziationskontinuum	Pluspol = Erregungskontinuum
Vermeiden/ Rückzug	Unruhe
Betäubung (affektiv, sensorisch) Reizabschottung	Reizdurchlässigkeit
Erstarrung	Erregungszustände
Depersonalisation	Wahnideen
Derealisation	maniformes Verhalten
affektive Abflachung	Flashbacks
Einengung	Halluzinationen (optisch/ akustisch)
Sprachlosigkeit	selbst-/fremdaggressive Durchbrüche

Integration versus Dissoziation

Freud hatte den Begriff der *Dissoziation* oder *Bewußtseinsspaltung*, den er ursprünglich von Janet übernommen hatte, in seinen Theorien aufgegeben. Er hat statt dessen die Verdrängung als eine psychische Operation beschrieben, mit der das Subjekt versucht, Vorstellungen, die an einen Trieb geknüpft sind, in das Unbewußte zurückzustoßen oder dort festzuhalten. Den Begriff der *Spaltung* hat er für andere Störungsbilder verwendet, zum Beispiel für die Paranoia: »Die Paranoia zerlegt, so wie die Hysterie verdichtet ... die in der unbewußten Phantasie vorgenommenen Verdichtungen und Identifizierungen werden durch Spaltungen wieder aufgelöst« (Freud 1911, S. 285). Ähnlich bei einem Fall von multipler Persönlichkeit: »Es kann zu einer Aufsplitterung des Ich kommen, indem sich die einzelnen Identifizierungen durch Widerstände aneinander abschließen, und vielleicht ist es das Geheimnis der Fälle von sog. multipler Persönlichkeit, daß die einzelnen Identifizierungen alternierend das Bewußtsein an sich reißen« (Freud 1923, S. 259). Freuds Reduzierung des umfassenderen Begriffs der Dissoziation auf Spaltung und Verdrängung hat es erschwert, die Unterbrechungen der integrativen Funktionen des Bewußtseins, des Gedächtnisses, der Identität und der Wahrnehmung von Umwelt in ihrer Vielfalt zu erkennen. Mit den Begriffen Spaltung und Verdrängung werden theoretische Modelle assoziiert, die Vorgänge wie das Auseinanderbrechen von Kontingenzerfahrungen und der körperlich-seelischen und geistigen Integrität unzureichend erklären.

Das Kind bildet mit zunehmender Reifung kognitive Schemata aus, die zu Vorstellungen über sich selbst und die Welt führen. Kognitive Schemata erlauben, Erfahrungen in einen Sinnzusammenhang zu stellen, und dienen als Puffer gegen überwältigende Erlebnisse. Putnam (1997) schlägt vor, dissoziative Erscheinungsbilder im Kindes- und Jugendalter, aber auch bei Erwachsenen im Rahmen eines Modells diskreter Verhaltenszustände zu sehen und zu verstehen. Er bezieht sich dabei auf Forschungen über infantile Verhaltenszustände von Wolff (1987), der ein Basisset von Verhaltenszuständen an gesunden Kinder beobachtet hat. In der Regel erlernen Kinder die Kontrolle über ihre verschiedenen Verhaltenszustände und entwickeln mit Hilfe ihrer primären Objekte die Fähigkeit, Brücken zwischen verschiedenen Selbstzuständen zu schlagen und diese aktiv zu beeinflussen. Wolff (1990) spricht von einem Autorenselbst, das Kinder im Alter von 2 bis 4 Jahren zu entwickeln beginnen.[2]

Normale dissoziative Prozesse umfassen – so Putnam (1997) – eine bestimmte Anzahl unterschiedlicher Bewußtseinszustände, die dadurch charakterisiert sind, daß Wahrnehmung und Aufmerksamkeit eingeengt sein können, ohne daß das Gedächtnis oder die Identität davon mitbetroffen wären. Physiologische Prozesse der Reizabschirmung sind für die Psychohygiene wichtig. Im Gegensatz dazu sind pathologische dissoziative Zustände dadurch charakterisiert, daß sie aus dem Bewußtsein abgespalten sind und nur zustandsabhängig mit bestimmten autobiographischen Erinnerungen und Identitäten verknüpft werden können.[3] Frühe ungünstige Entwicklungsbedingungen und Traumata können die Fähigkeit zur Integration von Verhaltenszuständen beeinträchtigen. Zudem können infolge einer nur mühsam erreichten Einheit des Bewußtseins Vulnerabilitäten entstehen, die bei traumatischen Belastungen zu einem Auseinanderbrechen bisher integrierter Funktionen führen.

Gehen wir davon aus, daß normalerweise frühe Ich-Kerne zu einem einheitlichen Kern des Selbstsystems mit ersten integrativen Fähigkeiten des Selbst organisiert werden, dann haben Kinder mit psychotischen Entwicklungen wegen eines Defekts in ihrer Integrationfähigkeit keine oder nur schwache Brücken zwischen ihren verschiedenen Selbstzuständen bauen können.

Demgegenüber scheint bei traumatisch bedingten Psychosen kein grundsätzlicher Integrationsmangel vorzuliegen. Hier steht im Vordergrund, daß traumatische Erfahrungen mit ihrem über-

---

[2] Diese Ausführungen lassen sich mit Loewalds (1986) konzeptuellen Überlegungen zur synthetisch-integrierenden Funktion des Ich verbinden, das entsprechend seinem Wesen eine Übereinstimmung mit dem primären mütterlichen Objekt sucht und eine Einheit auf immer komplexeren Differenzierungs- und Objektivierungsebenen der Realität herstellt.

[3] Schilder (1925) hat (pathologische) Dissoziation als Verlust eines sekundär erworbenen Einheitserlebens und einer Reaktivierung des primären Gespaltenseins beschrieben.

wältigenden Charakter nicht in bereits existierende kognitive Schemata eingeordnet werden können. Sie werden dissoziiert beziehungsweise unintegriert gespeichert und kommen möglicherweise in Flashbacks, somatischen Rückerinnerungen, Alpträumen oder psychotischen Episoden zum Ausdruck. Bei ihnen liegt weniger eine generalisierte Fragmentierung im inneren Erleben und in den menschlichen Beziehungen vor. Vielmehr könnte man von einem Spalt sprechen, der zwischen den vorhandenen Sinnzusammenhängen, Ordnungssytemen und Beziehungen und dem durch das Trauma verrückten Selbstanteil klafft. Die psychotische Episode erscheint wie ein fremdbestimmter Zustand oder erratischer Block (Bion 1967) in der Seele. Brücken oder andere Verbindungen konnten nicht ausgebildet werden oder wurden durch das Trauma zerstört.

Neurobiologische Untersuchungen weisen darauf hin, daß Erinnerungen an traumatische Ereignisse dissoziiert werden und als sensorische Fragmente gespeichert werden, die wenig sprachlich vermittelt sind. Dabei wird das Trauma selten als eine persönliche Geschichte reproduziert. Das geschieht allenfalls mit der Zeit, und dann auch oft nur unvollständig. Van der Kolk (1998) nimmt an, daß sie im zentralen Nervensystem nicht synthetisiert und nicht in ein semantisches Gedächtnis integriert werden können. Die sensorischen Elemente der Erfahrung werden separat registriert. Diese Fragmentierung oder Desorganisation des Gedächtnisses stört die Auswertung, Klassifikation und Kontextualisierung der Erfahrung. Traumatische Erfahrungen werden vor allem in der rechten Hirnhemisphäre verarbeitet, die für Ausdruck und Verstehen von globaler, nicht verbaler emotionaler Kommunikation verantwortlich ist, während die linke Hemisphäre problemlösende Aufgaben übernimmt. Diese Befunde verweisen darauf, daß traumatische Erfahrungen dazu führen, daß die Person eine Erfahrung hat, diese jedoch nur begrenzt in kommunikable Sprache übersetzen kann, sie mit Gefühlen nicht in Verbindung bringen kann, möglicherweise körperlich reagiert, zugleich depersonalisiert oder derealisiert ist und das, was ihr passiert ist, nicht in Besitz nehmen kann.

Betrachten wir die psychotischen Episoden von Patienten als dissoziierte »states«, in denen die traumatischen Erfahrungen aufbewahrt sind, die unter Belastungen aufbrechen und dann als Teile der traumatischen Situation unverständlich, konfus mit konkretistischen Vergegenwärtigungen, mit halluzinierten Sinneserfahrungen, mit scheinbar unverständlichen Dialogen und Handlungen auftauchen, so gewinnen wir einen ganz anderen Zugang zu den Patienten. Ihr Verhalten ist deshalb verrückt, weil grundlegende Ordnungs- und Orientierungssysteme, unter anderem die Einschätzung von gut und böse, falsch und richtig, Grenzziehung zwischen inneren und äußeren Vorgängen, Realität und Phantasie, Selbst und Objekt, Vergangenheit und Gegenwart, durch schwere traumatische Erlebnisse zerstört wurden. Die traumatische Erfahrung hat das Welterleben und ihr Weltvertrauen dieser Patienten verrückt, bisherige Sicherheiten und Bindungen sind zerstört. Unbewältigte traumatische und dissoziierte Erfahrungen wurden sprachlos weitergegeben und wirken als desorganisierende Blöcke im Denken, Fühlen, Handeln und in der Person fort, die nicht in der Lage ist, Verbindungen zur Realität der traumatischen Erfahrung herzustellen.

Zur Reizabschirmung – warum mit Übererregung oder Betäubung reagiert wird

Der Zerfall der Außenwelt, von der Freud bei Psychosen spricht, mündet in eine scheinbare Bedeutungslosigkeit und Zersplitterung des Realen. Fähigkeiten, die Aufmerksamkeit zu fokussieren und relevante Reize zu selektieren, gehen verloren, unwichtige Details werden überbetont. Gedanken, Vorstellungen und Wahrnehmungsinhalte werden nicht mehr ausreichend koordiniert. Diese Störungen werden mit Beeinträchtigungen im Zusammenspiel von Hippocampus und amygdaloiden Funktionen in Verbindung gebracht. Ist der hippocampal-amygdaloide Kreislauf im limbischen System gestört, können sensorische Stimuli mangelhaft überprüft und kontrolliert werden. Die daraus folgende sensorische Überwältigung induziert eine Bereitschaft für wahnhafte Phänomene, Zerstreutheit im Denken, Fühlen und Wahrnehmen und führt zu Störungen in der Aufmerksamkeitsregulierung. Es sind Störungen, die aus der Entwicklungsperspektive betrachtet mit der mangelnden Fähigkeit zur Reizabschirmung (Eggers 1991) zu tun haben. Eine funktionierende Reizschutzschranke geht mit einem Schutzschild gegenüber Außenreizen und intakten Ich-Grenzen einher. Die Zerstörung der Reizschutzschranke macht offen und anfällig für Reize, die weder ausgewählt, noch zugeordnet werden und dann traumatisch wirksam werden und überwältigen können.

Das Konzept der Reizschutzschranke ist umstritten. Säuglingsbeobachter wie Daniel N. Stern und andere plädieren dafür, es aufzugeben. Andererseits betont Stern, daß der Toleranzbereich des Säuglings tatsächlich begrenzt ist. Zwar verfüge der Säugling über Fähigkeiten mit äußerer Stimulierung fertig zu werden, sei aber darauf angewiesen, daß die Mutter ihm dabei helfe (Stern 1992, S. 326). Esman (1991) schlägt vor, in der Reizschutzschranke, besser: der Reizabschirmung, einen angeborenen selektiven, heranreifenden Abschirmmechanismus zu sehen. Die Entwicklung einer funktionsfähigen Reizschutzschranke resultiere aus den angeborenen, genetischen und konstitutionellen Bedingungen, die ein Kind bei der Geburt mitbringt, *und* aus dem Beziehungsangebot durch die Mutter. Den frühen Entwicklungsbedingungen und insbesondere dem Mutter-Kind-System kommt ein besonderes Gewicht zu. Die frühe Pflegeperson, in der Regel die Mutter, dient als »externer psychoneurobiologischer Regulator« (Cohen 1991). Sie befähigt das Kind, reizschutzregulierende Funktionen allmählich selbst zu übernehmen, bis diese autonom werden. Diese inneren selbstregulierenden Funktionen schließen affektive, autonome, hormonale und neurochemische Komponenten mit ein. Traumatische Brüche der Reizschutzschranke – so Cohen (1991) – führen im Extremfall zu einem fundamentalen Aufbrechen von Entwicklungsprozessen oder in minder schweren Fällen zu punktuellen Einbrüchen. Wird die Entwicklung der Reizabschirmung während kritischer Phasen beeinträchtigt, können Kinder Sensibilisierungen und Überempfindlichkeiten entwickeln und durch relativ unbedeutende Reize immer stärker ansprechbar werden. Primitive sexuelle und aggressive Impulse etwa, mit denen sich das Kind ständig und in den verschiedenen kritischen Phasen seiner Entwicklung auseinandersetzt, werden unter bestimmten Umständen mangelhaft gefiltert und können

Ängste auslösen (Angst vor Fragmentierung, Angst vor Kastration u. a.).

Die Fähigkeit zur Reizabschirmung wird ausgebildet in Abhängigkeit von der Mutter oder der frühen Pflegeperson und ihrer Fähigkeit, einen entwicklungsförderlichen Übergangsraum mit dem Kind herzustellen. Indem die Mutter die vorgegebene äußere Realität an die entwicklungsabhängigen Bedingungen des Säuglings anpaßt, erschafft sie mit ihm einen gemeinsamen intermediären Raum, den Übergangsraum (Winnicott 1971). Störungen der frühen Mutter-Kind-Interaktion, etwa als Folge von Krankheit oder Abwesenheit, führen zu vorzeitigen Brüchen im Übergangsraum. Das dialektische Verhältnis von Phantasie und Realität, von innerer und äußerer Realität, wird gestört (Ogden 1985; Streeck-Fischer 1998a), wenn das Kind die Illusion seiner Wirkmächtigkeit nicht erlebt. Eine gestörte Balance von Realität und Phantasie ist Folge ungünstiger und/oder traumatischer Einflüsse im sich entwickelnden Übergangsraum zwischen Mutter und Kind.

Das Konzept der Reizschutzschranke hat Freud zur Erklärung von traumatischen Neurosen gedient. Die Schutzhülle, die den Organismus umgibt, wird durch sensorische Überwältigung zerstört. Die Reizoffenheit, die mangelnde Fähigkeit, Reize auszuwählen und zuzuordnen, führt zu Zuständen von Übererregung und Desorganisation. Die Betäubungsreaktion ist dann eine Form der Bewältigung, indem Reize gar nicht erst aufgenommen werden. Die durchlässigen Grenzen zwischen Selbst und Objekt, Realität und Phantasie, Innen und Außen oder auch die massive Abschottung sind charakteristisch für traumatische Belastungsstörungen ebenso wie für Psychosen.

Wenn Realitäten mehr in den Blick kommen

An den folgenden zwei Fallbeispielen sollen die bisherigen Ausführungen zu Psychose und Trauma veranschaulicht werden.

Die 21jährige Patientin B. zeigte eine schwere psychosenahe Störung mit Entfremdungsgefühlen, massiven Ängsten, insbesondere vor Menschen, massiven Beschämungsängsten, mit ausgeprägten Kontakt- und Beziehungsvermeidungen, Konzentrationsstörungen, einer Neigung zu Selbstverletzungen, Zwangsbefürchtungen und einem Gefühl von fremdbestimmten Lachanfällen. Seit dem Alter von 16 Jahren war sie arbeits- und schulunfähig. In einer anderen Einrichtung war eine psychotische Erkrankung diagnostiziert worden. Im Alter von 14 Jahren war sie dort aufgenommen worden, da sie zu massiven aggressiven Impulsdurchbrüchen neigte und Gegenstände zerstörte.

Bis zu diesem Zeitpunkt war ihre Entwicklung weitgehend unauffällig. Sie war eine beliebte und gute Schülerin. Sie hatte am Konservatorium in einer Theatergruppe mitgespielt und Tierärztin werden wollen. Die Mutter, die sich vom Vater getrennt hatte, als B. acht Jahre alt war, kehrte drei Jahre später wieder zu ihm zurück. Nach diesem Umzug ist es der Patientin immer schlechter gegangen. Als B. in der Kinderpsychiatrie war, wurde der Vater von einer Mitarbeiterin bei der Polizei angezeigt, weil er pornographische Filme von B. angefertigt hatte. Die damalige Hausdurchsuchung und Durchsuchung des Büros hatte keine Hinweise ergeben.

Nach der Dekompensation von B. trennten sich die Eltern endgültig. Die Ereignisse um den Vater verblieben in einem eigenartigen Nebel, ebenso ist die Problematik der Mutter unklar, die in nächtlichen Träumen häufig schrie. Die Mutter hatte häufiger geträumt, umgebracht zu werden oder sich in einem Buschlabyrinth zu befinden oder in einem Betonraum ohne Fenster zu wohnen und dort erdrückt zu werden.

In der Leistungsdiagnostik zeigt B. unterdurchschnittliche Leistungen im Handlungsteil des HAWIE. Die Leistungen im Verbalteil bewegen sich im durchschnittlichen Bereich. Demgegenüber zeigt sie hervorragende kognitive Leistungen in sprachfreien Verfahren. In der Therapie fallen ihre gebundenen Bewegungen auf. Sie ist außerordentlich langsam und kann sich schwer orientieren. Ihr Schmerzempfinden ist herabgesetzt. Ihre Bewegungskoordination ist mangelhaft ausgeprägt, ebenso ihre koordinierten Bewegungen, ihre Kraftdosierung, Reaktion und Schnelligkeit. Ihre geringe Fähigkeit, sich sprachlich mitzuteilen, ist auffallend, und es ist unklar, ob sie vermeidet, über Erlebtes zu berichten, oder ob ihr die Fähigkeit fehlt, emotional Erlebtes verbal zu erfassen.

B.s Verhalten ist bestimmt von Vermeidung, gefühlsmäßiger Abflachung, Sprachlosigkeit, verbunden mit einem Sparflammenleben. Die Erinnerung an traumatische Belastungen ist verwischt oder verlorengegangen; es bleibt unklar, ob der Vater tatsächlich massive sexuelle Übergriffe begangen hat, und es ist unklar, inwieweit posttraumatische Belastungen durch den Klinikaufenthalt vorliegen, wo sie körperlich fixiert wurde. Ein Versuch seitens der Patientin, Klarheit zu bekommen, wird spontan nicht mehr unternommen. Sie ist in einem Zustand eines sensorischen und affektiven shut-down.

Die 15jährige E. kommt zur stationären Behandlung wegen ausgeprägter Grübel- und Kontrollzwänge, Ängste vor Bedrohungen und Verführungen durch männliche Jugendliche bei zunehmendem sozialen Rückzug. In ihrer Lebensgeschichte war auffällig, daß sie von früh an Probleme hatte, sich von erzählten Geschichten abzugrenzen und diese nicht auf sich selbst zu beziehen. So wirkte auch der sexuelle Mißbrauch des Großvaters an der Tante für sie wie eine Erfahrung, die sie unmittelbar betraf. Bei der motopädischen und psychologischen Diagnostik wurden ausgeprägte Störungen im Bereich der sensorischen Integration festgestellt, die für eine funktionelle Autotopagnosie[4] sprachen. Sie konnte aufgezeichnete Formen auf der Haut nicht sicher erkennen und zeigte eine deutlich herabgesetzte Fähigkeit, Berührungsreize zu diskriminieren. Gleichzeitig war ihre Schmerzempfindlichkeit erhöht, und sie reagierte stark auf Gerüche. In ihrer vestibulären Wahrnehmung reagierte sie bei fehlender visueller Kontrolle mit Orientierungsstörungen, Unwohlsein und Schwindel. Ihre Körperorientierung war massiv beeinträchtigt. Sie konnte kaum einzelne Finger korrekt benennen und sie in der richtigen Raumlage anordnen. Ein Gefühl für Ausmaß und Position der einzelnen Körperteile und des Körpers als Ganzes fehlte. In der Leistungsdiagnostik zeigte sie deutliche Diskrepanzen zwischen dem überdurchschnittlichen Verbalteil und dem knapp durchschnittlichen Handlungsteil. Die Zwangsstörungen von E. erschienen vor diesem Hintergrund mehrfach determiniert. Insbesondere wurde der mangelnden Selbstob-

---

4 Es handelt sich um eine Unfähigkeit, Reize in bezug auf sich und den Körper wahrzunehmen.

jekt-Grenzziehung, die sich bereits früh in der Entwicklung zeigte, eine wichtige Bedeutung gegeben. Diese Grenzenstörung wurde in Abhängigkeit von der transgenerationalen Weitergabe der traumatisch wirksamen Inzesterfahrungen gesehen. Nachdem E. eine erfolgreiche Psychotherapie abgeschlossen hatte und nach Hause entlassen werden konnte, dekompensierte sie im häuslichen Rahmen mit einer Psychose. Sie reagierte mit massiven Verfolgungs- und Vergiftungsängsten, Beeinflussungs- und Wahnideen und mußte hochdosiert mit Neuroleptika behandelt werden.

In diesem Beispiel erscheinen Erinnerungen an das Trauma in der vergangenen Generation zunächst als prägend für die Symptomatik der Jugendlichen. Auffällig ist die diagnostizierte Autotopagnosie, die rückblickend auf eine generalisiertere Störung der Informationsaufnahme und -verarbeitung hinweist. Die psychotische Dekompensation der Jugendlichen könnte die ursprünglich angenommene Bedeutung der Transmission traumatischer Erfahrungen für die Erkrankung relativieren. Es muß offenbleiben, ob der grundlegende Mangel an Differenzierungsfähigkeit zwischen sich, anderen, Vergangenheit und Gegenwart Folge durchlässiger Selbst-/Objektgrenzen bei transgenerationaler Weitergabe traumatischer Belastungen ist und/ oder ob eine biologisch begründete Störung dem familiären Trauma eine besondere Bedeutung gibt.

Ausblick

Die sprachlosen unverständlichen disparaten Handlungen, Dialoge oder Reinszenierungen unserer jungen Patienten können zu schnellen diagnostischen Zuordnungen und Interpretationen verführen, die die traumatische Belastung ausblenden. Insbesondere bei psychosenahen Erkrankungen mit Symptomen, die Ähnlichkeiten mit der Minus- oder der Plussymptomatik psychotischer Störungen haben, kann es leicht zu voreiligen Klassifizierungen kommen. Traumatische Belastungen zerstören sensomotorisch-affektive Koordinationsprozesse und in Verbindung damit sich ständig adaptierende Rekategorisierungsprozesse, die der Verarbeitung von Erfahrungen dienen. Verhaltenszustände, die aus traumatischen Belastungen resultieren, verbleiben unverbunden und dissoziiert. Um in der Therapie mit dem Patienten Brücken zwischen verschiedenen Selbstzuständen bauen zu können, um Verbindungen zu schaffen, die verlorengegangen sind, und um Worte zu finden, ist es auf seiten des Therapeuten wichtig, auf verschiedenen Kanälen der Wahrnehmung und des Fühlens offen zu sein. Ziel ist es, eine Symbolwelt zu schaffen, die das Unfaßbare faßbar macht und in der die Patienten ihr Welterleben zurechtrücken können. Psychotherapien mit solchen Jugendlichen zeigen, daß es möglich ist, sie aus der Welt ihrer Verrückungen herauszuholen.

Literatur

Arnold, A. I. (1985): Diagnosis of Posttraumatic Stress Disorder. In: S. Sonnenberg; A. Blank; J. Talbott (Hg.): The Trauma of War: Stress and Recovery in Vietnam Veterans. Washington D. C., S. 101-123.

Bion, W. R. (1962): Lernen aus Erfahrung. Frankfurt a. M., 1990.

Bion, W. R. (1965): Transformationen. Frankfurt a. M., 1997.

Bion, W. R. (1967): Second Thoughts. Selected Papers on Psychoanalysis. New York, 1967.

Butler, R. W.; Mueser, K. J.; Sprock, J.; Braff, D. L. (1996): Positive symptoms of psychosis in posttraumatic stress disorder. Biol. Psychiat. 39: 839-844.

Cohen, J. L. (1991): Tourettes-syndrome: A model of disorder of integrating psychoanalytic and biological perspectives. Int. Rev. Psychoanal. 18: 195-209.

Eggers, C. (1991): Stimulus Barrier Model of Schizophrenia: Convergence of Neurobiological and Developmental Psychological Factors. In: Eggers, C. (Hg.) : Schizophrenia and Youth. Berlin, S. 29-41.

Esman, A. (1991): Die Reizschranke. Forschungsbericht und Neubetrachtung. Psyche 45: 143-156.

Fonagy, P. (1998): Attachment, the Holocaust and the Outcome of Child Psychoanalysis: The Third Generation. Vortrag anläßlich der EFPP Tagung in Köln.

Fraiberg, S. (1982): Psychological defenses in infancy. Int. J. Psychoanal. 73: 403-503.

Freud, S. (1896): Weitere Bemerkungen über Abwehrneuropsychosen. G. W. Bd. I. Frankfurt a. M., S. 379-403.

Freud, S. (1991): Psychoanalytische Bemerkungen über ein autobiographisch beschriebenen Fall von Paranoia. G. W. Bd. VIII. Frankfurt a. M., S. 239-316.

Freud, S. (1915): Mitteilung eines der psychoanalytischen Theorie widersprechenden Falles von Paranoia. G. W. Bd. X. Frankfurt a. M., S. 234-246.
Freud, S. (1923): Das Ich und das Es. G. W. Bd. XIII. Frankfurt a. M., S. 237-289.
Freud, S. (1924a): Neurose und Psychose. G. W. Bd. XIII. Frankfurt a. M., S. 387-391.
Freud, S. (1924b): Der Realitätsverlust bei Neurose und Psychose. G. W. Bd. XIII. Frankfurt a. M., S. 363-368.
Goff, D. G.; Brotman, A. W.; Kindlon, D.; Waites, M.; Amico, E. (1991): Self Reports of Childhood Abuse in Chronically Psychotic Patients. Psychiat. Research 37: 73-80.
Kernberg, O. F. (1999): Persönlichkeitsentwicklung und Trauma. Persönlichkeitsstörungen. Theorie und Therapie, 1: 5-15.
Kestemberg, M. (1995): Diskriminierende Aspekte der deutschen Entschädigungspraxis: eine Fortsetzung der Verfolgung. In: M. S. Bergmann.; M. E. Jucovy, J. S. Kestemberg: Kinder der Opfer, Kinder der Täter. Frankfurt a. M., S. 74-99.
Kisker, K. P. (1961): Die psychiatrische Begutachtung der Opfer nationalsozialistischer Verfolgung – Vortrag zitiert nach M. Kestenberg. In: Kinder der Opfer, Kinder der Täter. Frankfurt a. M., 1995.
Klosterkötter, J. (1992): Wie entsteht das schizophrene Kernsyndrom? Nervenarzt 63: 675-682.
Kogan, I. (1995): Der stumme Schrei des Kindes. Frankfurt a. M., 1998.
Link, N.; Victor, B.; Binder, R. (1985): Psychosis in Children of Holocaust Survivors. J. Nerv. Ment. Disease 173: 115-117.
Loewald, H. W. (1986): Psychoanalyse. Aufsätze aus den Jahren 1951-1979. Stuttgart.
Matejek, N. (1999): Diagnostische Zuschreibungen – Psychotische Aspekte im Denken des Therapeuten. Forum der psychoanalytischen Psychosentherapie. Bd. 1. Göttingen, S. 9-22.
McGorry, P.; Chanen, A., McCarthy, E.; van Riel, R., Mc Kenzie, D.; Singh, B. (1991): Posttraumatic Stress Disorder Following Recent-Onset Psychosis. J. Nerv. Ment. Disease 179: 253-258.
Mentzos, S. (1995): Depression und Manie. Göttingen.
Niederland, W. G. (1978): Der Fall Schreber. Frankfurt a. M.
Offringa G.; Goff, D. (1995). Dissociative disorder, psychosis or both? Harvard Rev. Psychiat. 3: 222-226.
Ogden, T. H. (1985): On potential space. Int. J. Psychoanal. 66: 129-141.
Oliner, M. M. (1995): Hysterische Persönlichkeitsmerkmale bei Kindern Überlebender. In: M. S. Bergmann; M. E. Jucovy; J. S. Kestemberg: Kinder der Opfer, Kinder der Täter. Frankfurt a. M., S. 292-321.
Perry B. D. et al. (1999): Kindheitstrauma, Neurobiologie der Anpassung und gebrauchsabhängige Entwicklung des Gehirns. Analytische Kinder- und Jugendlichen-Psychotherapie 29: 277-308.

Putnam, F. (1997): Dissociation in child and adolescents. New York.
Schilder, P. (1925): Entwurf zu einer Psychiatrie auf psychoanalytischer Grundlage. Frankfurt a. M., 1970.
Stern, D. N. (1992): Die Lebenserfahrung des Säuglings. Stuttgart.
Streeck-Fischer, A. (1998a): Verschiedene Formen des Spiels in der analytischen Psychotherapie. Forum Psychoanal. 13: 19-37.
Streeck-Fischer, A. (1998b): Zwangsstörungen im Kindes- und Jugendalter: Neuere psychoanalytische Sichtweisen und Behandlungsansätze. Prax. Kinderpsychol. Kinderpsychiat. 47: 81-95.
Streeck-Fischer, A. (Hg.) (1998c): Adoleszenz und Trauma. Göttingen.
Terr, L. (1995): Schreckliches Vergessen, heilsames Erinnern. Traumatische Erfahrungen drängen ans Licht. München.
van der Kolk, B. A. (1998): Die Entwicklung von Kindheitstraumata. In: A. Streeck-Fischer (Hg.): Adoleszenz und Trauma. Göttingen.
Venzlaff, U. (1968): Forensic psychiatry of schizophrenia in survivors. In: H. Krystal (Hg.): Massive Psychic Trauma.
William-Keeler, L.; Milliken, H.; Jones, B. (1994): Psychosis as precipitating trauma for PTSD. Am. J. Orthopsychiat. 64: 493-498.
Winnicott, D. W. (1971): Vom Spiel zur Kreativität. Stuttgart, 1987.
Wolff, P. H. (1987): The Development of Behavioral States and the Expression of Emotions in Early Infancy. Chicago.
Wolf, D. P. (1990): Being of Several Minds. Voices and Versions of the Self in Early Childhood. In: D. Chicchetti; M. Beeghly (Hg.): The Self in Transition: Infancy to Childhood. Chicago.

■ KLINISCHES FORUM

Alexander Behringer/Elisabeth Aebi

»Sie haben mir die Psychose genommen« – Auf dem Weg in die Welt der Objekte

Im Rahmen der überregionalen Weiterbildung in analytischer Psychosentherapie finden regelmäßig kasuistisch-technische Seminare statt, in denen die Teilnehmer aus ihren Behandlungen psychotischer Patienten berichten. Die vorliegende Arbeit entstand in diesem Zusammenhang. Alexander Behringer hat uns Einblick in die Behandlung einer 46jährigen Frau über einen Zeitraum von drei Jahren gegeben. Die Therapie befindet sich zur Zeit im fünften Jahr mit einer Frequenz von einer Wochenstunde. Der ambulanten Psychotherapie war eine mehrere Monate dauernde Hospitalisation wegen einer paranoid-halluzinatorischen Psychose in einer psychiatrischen Klinik vorausgegangen. Die Patientin war deswegen ein Jahr arbeitsunfähig.

Mir begegnete erstmals eine sehr kontrollierte, vorsichtige Frau, die zurückhaltend und etwas mißtrauisch, dabei sehr aufmerksam im Kontakt war. Sie wirkte wenig zufrieden, machte einen intelligenten Eindruck auf mich. Sie hatte den drängenden Wunsch nach Unterstützung und erhoffte sich in erster Linie, eine Ordnung in ihr inneres Chaos zu bekommen. Noch immer fiel es ihr schwer, Realität und Phantasie zu unterscheiden. Für sich allein fühlte sie sich bedrückt, angestrengt und ratlos. Der Kontakt zu anderen Menschen war ihr aber zu beschwerlich. So benötigte sie Stunden, um sich innerlich wieder zu organisieren, wenn sie andere Menschen getroffen hatte, war ständig voller Selbstzweifel und sorgte sich aufzufallen.

Die Patientin stammt aus einfachem, ländlichem Milieu. Die Eltern betrieben eine kleine Landwirtschaft. Sie hat vier ältere

Brüder. Ihre Mutter beschreibt sie als kühl, unberechenbar und stets unzufrieden. Die Beziehung der Eltern sei hart und wenig freundlich gewesen, vor allem weil die Mutter dem Vater ständig nur Vorhaltungen mache. Er sei einfacher, emotionaler und gemütlicher gewesen. Oft sei er der häuslichen Stimmung entflohen und habe dann zu viel getrunken. Während der Pubertät habe sie sich sehr gewünscht, kein Mädchen zu sein, sogar über Geschlechtsumwandlung nachgedacht. Auch habe sie zu dieser Zeit beschlossen, nichts Wesentliches mehr zu sagen, sich niemandem mehr anzuvertrauen, um sich nicht auszuliefern.

Die höhere Schule besuchte sie ohne Probleme, schloß mit dem Abitur ab, verließ als einzige der Familie das Dorf und studierte einige Semester geisteswissenschaftliche Fächer. Schließlich sattelte sie um, schloß ein Ingenieurstudium ab, um etwas Handfestes zu haben und »im wirklichen Leben« zu sein. Nach vielen Umzügen lebt sie nun seit zwanzig Jahren in derselben Großstadt. Ihre einzige, einige Jahre währende Beziehung zu einem Mann hatte sie, bis sich der Mann vor etwa zehn Jahren wegen einer anderen Frau von ihr trennte. Die Beziehung sei immer schwierig gewesen. Zwei Schwangerschaften habe sie von ihm gehabt und abtreiben lassen. So habe sie sich bei ihm nie »zu Hause« gefühlt, aber doch wie ein »wohlgelittener Besuch«. Er habe jedenfalls ihre Stimmungsschwankungen und Rückzugstendenzen, die Blockierungen und Verwirrungen, unter denen sie immer litt, ausgehalten. Die Trennung sei dann »wie ein Stück Tod« gewesen, und die Wunde sei wohl bis heute offen.

Ihrer psychotischen Dekompensation war vorausgegangen, daß sie seit langem wieder einmal ihre entfernt wohnenden Eltern besucht hatte und mit der schnellen Hinfälligkeit ihrer an Demenz erkrankten Mutter wie mit einer Krebserkrankung ihres Vaters konfrontiert war. So entwickelte sie zunehmend die Überzeugung, die Veränderung der Mutter sei psychosomatischer Natur, und nur sie sei in der Lage, durch adäquaten Umgang mit ihr die Erkrankung aufzuhalten. Zudem hatte sie sich in dieser Zeit erstmals seit Jahren wieder auf eine Beziehung zu einem Mann eingelassen, von dem sie sich schließlich immer stärker eingeengt gefühlt hatte, schließlich sogar verfolgt, so daß sie sich ständig versteckte. Zunehmend zog sie sich nur noch in ihre Wohnung zurück, habe sich kaum mehr bewegen können, gegrübelt und schließlich gar nicht mehr denken können. Plötzlich war sie überzeugt, durch in die Wohnung fallendes Licht oder über das Stromnetz hätten andere Zugang zu ihrer Wohnung. Dahinter wähnte sie einen ihrer Brüder, der Gefährliches im Schilde führe und in der Lage sei, die Welt zu zerstören. Schließlich kam es zu einem plötzlichen Gefühl der Befreiung. Die Stadt habe sich verändert, auf den Bahnhöfen waren die (Fahrkarten-)Entwerter entfernt, was ihr ganz konkretistisch Erleichterung und Erlösung gab, so daß sie plötzlich übermenschliche Kräfte in sich spürte. Sie entwickelte tausend Ideen zur Rettung der Menschheit, bis sie sich dann im Kampf mit dunklen Mächten wieder bedroht fühlte, deshalb Stromleitungen durchtrennte und Möbel aus ihrer Wohnung warf. So kam sie durch Zwangseinweisung in psychiatrische Behandlung. Während der Krankenhausbehandlung starben kurz hintereinander beide Eltern.

Seit Beginn der Behandlung ist die Patientin von einer für mich ganz erstaunlichen Zuverlässigkeit und Verbindlichkeit im Formalen. So hält sie den therapeutischen Rahmen und die Regeln strikt ein, achtet auf die Uhr, die sie immer im Auge behält.

Seit ihrer psychotischen Dekompensation erlebte sie eine grundlegende Veränderung: So bemerkte sie seither eine Angst, für sich allein ihren Gefühlen und Phantasien Raum zu geben. Früher habe sie quasi in einer dauernden »Stand-by-Funktion« gelebt, »ihre Gefühle ganz für sich alleine nach Belieben an- und abschalten« können. Sie habe vor allem ein Gefühl der Angst nicht gekannt. Nun aber sei es so, daß sie sich immer wieder überschwemmt fühle von unkontrollierbaren Regungen. Die Patientin mußte sich bei ihrer Arbeit ganz auf »das Dienstliche« konzentrieren und im Kontakt mit Kollegen jede Privatheit fernhalten. Dadurch aber hatte sie keinen wirklichen Platz in der Gruppe, und es blieb am Arbeitsplatz wie in allen ihren Kontakten ambivalent, ob sie einen Platz unter den anderen haben oder lieber »frei und ungebunden« sein wollte.

Mit der Zunahme der Bedeutung der Therapie für die Patientin werden ihre Abhängigkeitswünsche und diesbezüglichen Ängste spürbarer und damit auch ansprechbar.

Bald wurde die therapeutische Beziehung wichtiger und zugleich die Frage, ob sie bei mir einen Platz will oder ob die »Freiheit und Unabhängigkeit« nicht sicherer und großartiger wären. Wenngleich sie zunächst über lange Zeit die Bedeutung der therapeutischen Beziehung nicht bewußt erlebte, so war sie doch spürbar irritiert: Zum Beispiel meinte sie, eine Frau als Therapeutin wäre vielleicht einfacher, da sie Frauen nicht so ernst nehmen würde und man alles überspielen könne. »Gefühle sind Ermüdungserscheinungen«, meinte sie, und Erholung bedeutete für sie, wenn keine Gefühle spürbar waren. Überhaupt fand sie, daß Gefühle nicht weit entfernt angesiedelt seien von der Psychose. Dementsprechend war die Atmosphäre der Stunden über einen langen Zeitraum: Anfänglich ging es oft einigermaßen entspannt vonstatten, die Einfälle und Phantasien waren reichlich bis überreichlich. Zunehmend entwickelte sich aber eine lähmende Anspannung und Blockierung oder Verwirrung. So mußte sie um so gespannter die Uhr im Auge behalten, sorgte sich, sie müsse aufpassen, die Therapie nicht zu verderben, und könnte verführbar sein und fragte sich, ob die Überweisung zu mir seitens der vorher behandelnden Ärztin ein Verkupplungsversuch gewesen sei. Mein einmaliges Zuspätkommen zu einer Stunde bedeutete, ich wolle ihr so zeigen, wie sinnlos ich ihre Behandlung fände, was durch unzureichende Reinigung der Toilette durch die Putzfrau, sicher in meinem Auftrag, unterstrichen worden sei, da ich sie abstoßend fände. Andererseits nahm sie die minimal frontaler gerückten Therapiesessel als Ausdruck einer dreisten Annäherung durch mich wahr. Die Preisgabe dieser Phantasien kam ihr vor, »als betrete sie vermintes Gelände«.

Das Heraustreten aus der narzißtischen Verbarrikadierung erscheint der Patientin höchst gefährlich. Große Angst, sich heftigen Affekten auszuliefern, belastet das therapeutische Verhältnis. Entweder projiziert die Patientin den eigenen Ärger, die eigene Feindseligkeit auf den Therapeuten, oder sie verdrängt Abhängigkeitswünsche und den damit verbundenen Frustrationsärger so sehr, daß sie den Therapeuten, das Objekt ihrer Abhängigkeitswünsche, ausschaltet. Sie taucht in ihre Welt ein:

Einen wichtigen Bereich in der Therapie nahm die Musik ein, die im Leben der Patientin einen großen Stellenwert hatte. So kam es in Stunden, in denen sie keinen klaren Gedanken und keinen Einfall zu haben schien, oft dazu, daß sie berichtete, eine Musik wahrzunehmen, was sie ablenken würde. So hörte sie beispielsweise eine Arie aus der »Tosca«, und die Beschäftigung damit ermöglichte zu verstehen, wie sie sich identifizierte mit der um ihre Liebe betrogenen Tosca in ihrem gerechten Zorn, aber auch zugleich mit dem sadistischen Scarpia, der aus Freude an Intrige und Zerstörung rücksichtslos agiert. In dieser Szene sah ich die in der therapeutischen Beziehung zunehmend spürbare und die Behandlung auf die Probe stellende Frage verschlüsselt, ob ihre Wut erträglich ist für sie selbst, aber auch für mich; ob sie sich selbst und ich sie, ob wir sie ertragen können mit ihrem immensen und gerechten Zorn, wie auch mit ihren destruktiven psychotischen Seiten.

Ein anderes Beispiel war die immer wieder auftauchende Musik der »Zauberflöte«, die sie einer Halluzination gleich häufig in der Stunde wahrnahm. So konnte sie beispielsweise in einer der vielen Stunden, in denen plötzlich und, für mich meist kaum durch irgend etwas verursacht, augenblicklich jeder Gedanke und Einfall abzureißen schien und sie sich – wie ich mich auch – nur noch verwirrt fühlte, preisgeben, daß sie eine Arie des Tamino hörte. Schließlich klärte sich, daß sie keineswegs – so wie ich mir das gewünscht hatte – dabei war, mit mir gemeinsam die Phantasien zu verstehen. Vielmehr erlebte sie sich zugleich mit Tamino und Pamina identifiziert bei mir in Sarastros Reich. Den fand sie überwiegend gefährlich und bestrebt, durch sein gemeines Spiel die Pamina in den Selbstmord zu treiben. Das damit verbundene Gefühl von Mißtrauen und Ohnmacht war sowohl mit Verzweiflung wie mit abgründiger Wut verbunden. In solchen Situationen war die Blockierung, die vordergründig als enorm quälendes und nur störendes Problem erschien, enorm wichtig für sie, um diese schwierigen Gefühle zu kontrollieren. Der Rückzug auf sich selbst war nötig, um nicht auf der Stelle Amok laufen zu müssen. So konnte sie für sich allein einen Weg finden und so aber auch mich vor dem Ausmaß dieser Wut schützen.

Der Rückzug wird vom Therapeuten respektiert. Die Ambivalenz der Patientin ist stark ausgeprägt, ein unerträgliches Gemisch von Liebe und Haß, und kann von ihr noch nicht bewußt wahrgenommen werden. Diese Ambivalenz ist in der Therapie als Zustand der Verwirrung spürbar, der mit extremer Angst verbunden ist. Wenn sich libidinöse positive und destruktive Impulse vermengen, drohen die destruktiven Impulse die libidinösen zu zerstören. Das gesamte Selbst ist damit in Gefahr, zerstört zu werden.

Über lange Strecken ließen sich derartige Blockierungen jedoch nicht verstehen. Die Stunden waren oft enorm quälend, was zum Teil auch die konstante Fortführung der Behandlung auf die Probe stellte. Häufig schien die Patientin keinerlei Phantasien zu haben, dann nur fragmentierte Sinneswahrnehmungen. Manchmal fiel ihr ein isoliertes Wort ein, oder sie meinte, einen Geruch wahrzunehmen. Der Versuch einer Nachfrage führte dann oft zur gänzlichen Erstarrung, die bei mir das Gefühl auslöste, sie sei empfindlich wie ein rohes Ei, und fehlende Zurückhaltung meinerseits könnte sie in für mich nicht nachvollziehbarer Weise verletzen oder sie so wütend machen, daß sie sofort den Raum verlassen würde. Dann wieder berichtete sie Phantasien und Träume in so reichlicher Zahl, daß ich mir gar nichts davon merken konnte. Alle schienen mir enorm gehaltvoll, die Fülle überforderte mich aber und verwirrte mich so, wie auch sie verwirrt zu sein schien. Schließlich berichtete sie von »verrückten« Ideen, zögerte aber, diese preiszugeben, da sie befürchtete, daß sie ihr dann genommen würden. Streckenweise wirkte sie ganz adäquat, und die Behandlung schien voranzuschreiten. Plötzlich aber fragte ich mich, ob sie nicht wieder »verrückt« sei, beispielsweise wenn sie voll mißtrauischer Anspannung davon berichtete, wie ihr auf der U-Bahn-Fahrt bereits die Menschen zu bedrängend und lästig waren dadurch, wie sie aussahen. Alles würde in sie eindringen und sie ablenken. In der Stunde nahm sie plötzlich Zigarren- und Schweißgeruch wahr. Es wurde ihr übel, und sie meinte, eines ihrer abgetriebenen Kinder sei zurückgekommen und bewege sich in ihrem Bauch. Wiederholt kam es zu ausgeprägten sexuellen und Gewaltphantasien. So drängte sich die Phantasie auf, in hochschwangerem Zustand durch mehrere Männer vergewaltigt zu werden oder triebhaft-perversen Gewalttätern ausgeliefert zu sein. Sexuelle Wünsche bedrängten zeitweise die therapeutische Beziehung. So sah sie mich einmal zufällig in einem Konzert, ließ sich dann dort mit einem ihr unbekannten Mann ein, den sie mit zu sich nach Hause nahm, und hatte mit ihm beschämend und gewaltsam-übergriffig empfundene sexuelle Erlebnisse, wobei sie Wut und Mißtrauen auf mich ablud. Das war teils enorm bedrängend, und die Erörterung im Kollegenkreis der Weiterbildung war eine hilfreiche Unterstützung.

Dieses Überschwemmtwerden von sexuellen Impulsen, Gewaltphantasien, starken Affekten und Ängsten droht immer wieder beiden, der Patientin und dem Therapeuten, den phantasmatischen Raum zu zerstören, der durch die Supervision im Seminar wiederhergestellt werden kann. Die Gruppe übernimmt damit die Funktion, die dem Therapeuten vorübergehend verlorengegangen ist: unerträgliche Empfindungen aufzufangen und reflektorisch zu bearbeiten.

Je deutlicher sich im Behandlungsverlauf zeigte, daß diese zunächst sehr kühl und beherrscht wirkende Frau im Grunde eine enorme Empfindlichkeit und Ängstlichkeit bei großem Anlehnungsbedürfnis vor sich und der Welt verbergen mußte, desto stärker begann sie auf Irritation der verläßlichen therapeutischen Beziehung zu reagieren. Das machte sich zunehmend bei Urlaubsunterbrechungen – und waren sie noch so kurz – bemerkbar. Vordergründig betrachtet wurde die Patientin, die zu Therapiebeginn so »unkompliziert« mit Unterbrechungen umzugehen in der Lage schien, immer »schwieriger«. Diese »Schwierigkeit« aber schien eher ein wichtiger Entwicklungsschritt, insofern sie ein vorsichtiges Aufgeben der scheinbar autonomen und unabhängigen narzißtischen Abgeschlossenheit bedeutete, mit der die Patientin bisher ihr Leben gelebt hatte.

Je stärker aber die Konflikte der Patientin in der therapeutischen Beziehung spürbar wurden, um so dynamischer wurden sie, und die Bewahrung der Beziehung, die oft wie ein hauchdünner Faden zu sein schien, war ein dauernd präsentes Thema. Teils war die Distanz zu gering, dann wieder zu groß, was zu Enttäuschung und Wut führte. Illustriert sei dies an einer Reaktion auf einen scheinbar gut vorbereiteten Urlaub: So erschien die Patientin nach vier Wochen Pause pünktlich, wirkte enorm gespannt und verärgert. Sie eröffnete die Stunde mit der Erklärung, sie wolle die ganz überflüssige Behandlung abbrechen, werde sich nicht weiter hierzu erklären und verließ voller Wut die Stunde. Danach erlebte sie zunächst ein Gefühl der Befreiung, eine Überlegenheit und eine Genugtuung, mich und meine Arbeit als dumm und sinnlos entlarvt zu haben. Danach kam es aber dazu, daß sie wartete, ich könnte sie beunruhigt anrufen. Als das nicht erfolgte, entstand ein Gefühl der Enttäuschung und neben Mordphantasien auf mich auch ein schwer erträgliches Gefühl von Sehnsucht und Einsamkeit. Dies sich selbst und mir einzugestehen war von riesiger Beschämung begleitet.

Die Mordgelüste der Patientin kann man als heftige Verleugnung einer Abhängigkeit verstehen. Jetzt, wo sie merkt, wie wichtig ihr der Therapeut geworden ist, versucht sie alle Realitäten, die sie daran mahnen, zu eliminieren. Die Therapie ist überflüssig, der Therapeut muß beseitigt werden. Indem sie alles Hilfreiche eliminiert, wird sie in ihrer Phantasie wieder unabhängig, verliert aber damit die so dringend benötigte Verbindung zur Welt der Objekte. Eine große Einsamkeit breitet sich aus. In der Therapie ist dies mittlerweile bearbeitbar.

Immer wieder kam es dazu, daß sie sich in Behandlungspausen, oft auch zwischen den regulären Stunden, ganz ungeschützt erlebte. So meinte sie, Geräuschen und Gerüchen schutzlos ausgeliefert zu sein, hatte Verfolgungsängste oder Waschzwänge. Die Bewußtmachung des Gefühls der Abhängigkeit war aber schrittweise möglich, obwohl es ihr kränkend und beschämend schien. So taten ihr Kontinuität und Verläßlichkeit in der Behandlung offenkundig gut; kleinste Irritationen aber konnten Abbruch- und Entwertungsphantasien auslösen. Das entsprach ganz offensichtlich ihrer bisherigen Lebensgestaltung. Als dieses Problem in der Übertragungsbeziehung virulent wurde, illustrierte ein Traum meinem Eindruck nach plastisch, wie sie sich bei Unterbrechungen in der Therapie fühlte: zerstückelt, fragmentiert und auch voll mörderischer Wut. Sie träumte, bei ihrem früheren Freund und seinen Bekannten auf einem Fest gewesen zu sein, wurde von dort aber verjagt und fand auf dem Weg lauter zerstückelte Leichenteile.

Weil die Patientin sich nicht mehr nach gewohnter Manier abrupt aus einer Beziehung verabschieden kann, sie sich ihrer Abhängigkeitswünsche bewußt geworden ist, auch erfahren hat, was es bedeutet, wenn jemand verläßlich für einen da ist, werden Unterbrechungen in der Therapie immer schmerzlicher empfunden. Jede Trennung wird zu einer Bedrohung des Selbstgefühls und macht große Angst.

Die Arbeit an der Übertragungsbeziehung blieb über lange Strecken schwierig, da die Patientin immer wieder auf ihre alten Kontrollmechanismen zurückgriff, um mich als getrenntes Objekt auszuschalten. Andererseits war eine immer wieder mögliche Minderung der Kontrolle vom Auftauchen traumatischer Gefühle von schwer erträglicher Intensität begleitet mit der ständigen Gefahr des Abbruchs der Beziehung. Oft kam es auch in den Stunden zu augenblicklichen Attacken von Heißhunger, die Ausdruck ihrer Bedürftigkeit und Gier waren. Während der Psychose sei es dagegen so gewesen, daß sie die triumphale Überzeugung hatte, das Hungergefühl überwunden zu haben und jetzt autonom aus sich selbst heraus existieren zu können.

Insgesamt stabilisierte sich die Patientin im Verlauf der therapeutischen Arbeit. Zu Beginn der Behandlung hatte sie noch eine neuroleptische Medikation eingenommen, die sie schließlich nur noch in Belastungssituationen nahm und – zunächst von mir durchaus skeptisch beobachtet – schließlich ganz absetzte, um nicht »alles wie durch einen Filter zu erleben«. Dennoch dekompensierte sie nicht mehr klinisch-psychotisch, blieb arbeitsfähig trotz der beschriebenen Belastungen, die die Behandlung bedeutete. Die erfreuliche Entwicklung forderte uns beide allerdings bis aufs äußerste. Zwar mußten wir uns immer seltener mit Verfolgern oder Verwirrung beschäftigen. Häufiger waren aber die in der therapeutischen Beziehung erlebten Gefühle von kaum erträglicher Heftigkeit. So tauchten immer wieder sehr zwiespältig erlebte Gefühle von Anlehnungsbedürfnis, Hilflosigkeit und schamvolle Gefühle von Abhängigkeit auf. In den Phantasien wurde der Sessel im Behandlungszimmer zum Schleudersitz, dann träumte sie wieder, mit dem Sessel zu fallen und weich zu landen. Andererseits geriet sie in der Interaktion mit mir augenblicklich in heftige Wut, wobei mir der Anlaß oft unverständlich blieb und das Ausmaß der Wut erschreckend war. Ganz im Kontrast zu ihrer Fähigkeit, im Beruf anspruchsvoll und hochorganisiert zu arbeiten, hauste sie in ihrer Wohnung weiter aus Kisten und im Chaos, das nicht zu bewältigen zu sein schien. Es kam mir vor, als müsse sie auch in diesem Bereich alles offen lassen, eine zugleich ersehnte Situation von Geborgenheit vermeiden, da eine Festlegung schon wieder zu einem schwer erträglichen Gefühl von Abhängigkeit führen würde.

Die Probleme wurden also nicht kleiner, sondern anders. So warf mir die Patientin vor: »Sie haben mir die Psychose genommen«. Früher sei sie so einfallsreich gewesen und so unabhängig und kreativ. Ich hätte bewirkt, daß sie all diese Buntheit verloren habe, langweilig und angepaßt werde. Auch würde ich bei ihr immer wieder so unangenehme Gefühle von Abhängigkeit erzeugen und enge sie damit ein.

Eine krisenhafte Episode, die aufzeigt, wie drängend sich ihre Abhängigkeitswünsche immer wieder melden, ereignete sich in jüngster Zeit: Das definitive Ende der Möglichkeit einer Fremdfinanzierung der Behandlung durch die Kasse setzte die Patientin sehr unter Druck. Diesen Druck vermittelte sie auf der Ebene der äußeren Realität so überzeugend, daß ich selbst mit einiger Mühe ihr aber dennoch eine Eigenfinanzierung der Weiterbehandlung in der Höhe des Krankenkassensatzes vorschlug. Mein diesbezüglicher Vorschlag führte zu einem Aufruhr von Enttäuschung und Wut. Sie äußerte konkret und voller entwertender Wut den Plan, die Behandlung abzubrechen, die doch nur auf Anpassung ziele. Ich wolle sie ausbeuten und abhängig halten, wobei ihre Anwürfe gemessen an der Mühe, die ich mit dieser Behandlung bereits erlebt hatte, es mir schwer machten, meine Empörung zu beherrschen. Deutlich kam ich in dieser Situation an meine persönlichen Grenzen, als ich vor einer Behandlungsstunde in diesem

FREITAG / 14. DEZEMBER / 2007 / 19⁰⁰
AMSTAG / 15. DEZEMBER / 2007 / 5⁰⁷ - 5²⁵ ?

Kontext die ängstigende Phantasie hatte, sie könnte mich in der Stunde mit einer Pistole bedrohen. Ich war mir nicht klar, ob es sich dabei um die Wahrnehmung ihrer teils abgespaltenen Wut handelte oder eher um die Projektion meiner eigenen Wut. Jedenfalls war auch bei mir erstmals die Bereitschaft in Frage gestellt, mich in dieser Behandlung weiter zu engagieren. Nachdem ich ihr schließlich den Abbruch der Behandlung in einem innerlichen Sturm von Wut und destruktiver Entwertung als Möglichkeit einzuräumen in der Lage war und sie nicht mehr aus Sorge vor einem Scheitern aller Bemühung mit letzter Kraft in der Behandlung zu halten suchte, war diese Krise doch zu bearbeiten. So konnte sie schließlich beschämt einräumen, in der besagten Stunde tatsächlich sehr konkrete Mordphantasien gehabt zu haben, worüber nun aber wieder gesprochen werden konnte. Auch konnte sie vermitteln, daß sie die Notwendigkeit, sich um die Finanzierung der Behandlung selbst zu kümmern, erlebt hatte, als werde etwas Undenkbares von ihr verlangt, als wäre sie in der Situation eines Kindes, das den Eltern deren Fürsorge entlohnen soll und das gleichgültig weggeschickt werden würde, da es dazu nicht in der Lage sei. In dieser Krise erlebte die Patientin, daß sie nicht mehr wie früher mit dem Gefühl großartiger Ungebundenheit und Überlegenheit die Bindung abbrechen konnte. Selbst in der größten Wut blieb bei ihr doch ein Wissen um die Verläßlichkeit und die Hilfe, die ihr die therapeutische Bindung in den letzten Jahren war, und daß ein Abbruch für sie der Verlust von etwas Wertvollem bedeuten würde.

Ich will die Beschreibung dieses noch offenen und andauernden therapeutischen Prozesses mit der Schilderung eines kurzen Traums der Patientin schließen. Sie träumte, voller Anstrengung und Mitleiden einer Frau bei einer schier endlosen und schmerzhaften Geburt zugesehen zu haben.

Die Eigenfinanzierung läßt in der Patientin nochmals ihre kindlichen Wünsche nach Versorgtwerden aufleben. Der therapeutische Prozeß und mithin die Beziehung der Patientin zu ihrem Therapeuten sind nun soweit fortgeschritten, daß schwere Erschütterungen fruchtbringend bearbeitet werden können. Die Patientin gewinnt damit ein großes Stück echter Unabhängig-

keit. Die Welt der Objekte wird verlockend und scheint nicht mehr unerreichbar zu sein. Abhängigkeitsbedürfnisse und die unbewußte Abwehr dagegen, verbunden mit großer Angst, müssen im Kontext der therapeutischen Beziehung bearbeitet werden. Der Bericht soll diesen Gesichtspunkt veranschaulicht und gleichzeitig Einblick in die Arbeit der überregionalen Weiterbildung gegeben haben.

Literatur

Searles, H. (1955): Dependency processes in the psychotherapy of schizophrenia. J. Amer. Psychoanal. Assn. 3: 19-66. (Deutsch in: Matussek, P. [Hg.], Psychotherapie schizophrener Psychosen. Hamburg, 1976).

Hans-Rudolf Schneider

Gemeinsame Chronifizierung?

»Katzenzeugs« murmelte er, als er mir halb abgewendet die Hand reicht, mit der andern seine große Videokamera umklammernd. Dann geht er gebückt und mit leicht schlurfenden Schritten in mein Konsultationszimmer.

Seit 25 Jahren kenne ich Herrn K., den Katzenmann, nun schon. Anfangs hatte er mich nach einem Aufenthalt auf einer Psychotherapiestation für kurze Zeit 14täglich aufgesucht mit der Bitte, ihm sein Rezept zu erneuern. Es war praktisch unmöglich, mit ihm ins Gespräch zu kommen. Er begrüßte mich damals stets mit der Frage, wie es ihm gehe. Er hatte fast alle Werke Freuds gelesen und war vor allem an psychopathologischen Fragen interessiert, vermutete bei sich eine schwere Geisteskrankheit, die die bisherigen Ärzte nicht erkannt hatten – nicht zu Unrecht, wie sich später zeigen sollte. Sein Leben war durch multiple Phobien massiv eingeschränkt, und er konnte seiner Tätigkeit als EDV-Spezialist nur noch nachts nachgehen, der er Menschen kaum ertrug.

Bald darauf hatte er den Kontakt mit mir auf seltene Telefonanrufe reduziert.

Dann meldete er sich vor 15 Jahren aus einer psychiatrischen Klinik, wo er mit einem paranoiden Bild in abgemagertem Zustand hospitalisiert worden war. Er möchte wieder zu mir zu Gesprächen kommen. Er müsse alle Haare loswerden, da ein Friseur sie ihm vergiftet habe. Er war hoch wahnhaft, halluzinierte und verleugnete seine Krankheit. Seither sucht er mich in 14tägigen Abständen auf. Heute bezeichnet er seinen damaligen Zustand als »die Psychose«, die aber schon lange vorher bestanden habe. Jetzt leide er vor allem unter dem Gedankenkarussell. Seine Gedanken seien wie Laubblätter auf einem Haufen, und wenn jemand mit ihm rede, blase ein Windstoß in seinem Kopf. Dann dauere es mehrere Stunden, bis sich alles wieder geordnet habe. Er arbeite nicht mehr, sondern müsse schauen, daß er überleben könne in seiner kleinen Wohnung, die er für seine Fahrten mit dem BMW – vorwiegend nachts – verläßt, ausgerüstet mit den Videokameras, die ihm erlauben, sich aufs Filmen zu konzentrieren und dann alles ganz langsam zu Hause anzuschauen, ständig den Film zurückspulend, wenn etwas zu schnell und verwirrend wird.

Gegen eine Erhöhung der Sitzungsfrequenz wußte er sich konsequent und hartnäckig zu wehren: Das ertrage er nicht. Schon so habe er mehrere Tage seine Gedanken zu ordnen und könne praktisch nichts mehr tun, nachdem er bei mir gewesen sei. Er spreche sonst mit niemanden, einmal jährlich besuche er seine betagte Mutter im Altersheim. Die Katze repräsentierte für ihn – wie sich allmählich zeigte – die völlige Unabhängigkeit. Im Sprechzimmer hat er inzwischen umständlich seinen kleinen Rucksack ausgezogen, dabei die Kamera auf einem Tisch deponiert und mir zu erklären begonnen, daß diese, eine seiner drei Videokameras, ein einmalig gutes Stück sei, stabil, genügend schwer, aber doch keine so schwere Schulterkamera. Nur einmal habe man so was Gutes hergestellt; schon zweimal habe er sie glücklicherweise noch ersetzen können. Ich kenne diese »Begrüßung«. Ohne Hinweise auf die Kameras geht gar nichts. Die neue kleine Kamera sei, wie er das vermutet habe, schon defekt, habe Bildstörungen, »ärgerlich, ärgerlich«, aber eben, ein Schnellschuß sei diese Produktion gewesen, man sollte sich viel mehr Zeit lassen – und ich denke: Laß ihm Zeit. Dabei habe ich zunehmend mit meiner Ungeduld zu kämpfen. Er kontrolliert mich mit seinem Redeschwall.

Heute gebe es ein »Shining«; so bezeichnet er vielsagend seine Videoaufnahmen. Deshalb habe er doch die Kamera mitgenommen. Nun zieht er sein Notizbuch mit den dicht bekritzelten Seiten aus dem Rucksack, hat einen Wutanfall, als ihm das nicht gleich gelingt, schimpft und ärgert sich, weil er zu nichts komme. »Wo war ich jetzt?« Nun hat er den Faden verloren, haut mit der Faust auf den Tisch. Ich sage nur »verdammt ärgerlich«. Die letzten Stunden fallen mir ein. Wir hatten uns wieder damit beschäftigt, daß er bei allem zu spät kommt. Anfangs meinte er auf meinen Vorschlag, daß es vielleicht für ihn schwierig sein, sich von etwas zu trennen, er könne einfach nicht »abhacken«, und macht dabei eine heftige Bewegung wie mit einem Beil. So war und ist er mit all und jedem, mit dem er zu tun hat, verzahnt, es wird Teil von ihm, und er ist Teil davon. Als Gegenstück gibt es fast nur die Zerstörung. Dann sind auch die Gedanken abgerissen, und er weiß nicht mehr, womit er sich beschäftigt hat. Ich schweige, da ich um seine zunehmende Fähigkeit, den Faden wiederzufinden, weiß. Nochmals kommt er ausführlich auf die Kameras zu sprechen, aber jetzt wolle er doch endlich das »Shining« zeigen, »verdammt, es ist wohl schon zu spät, wo ist denn nun die Uhr, aha da ist sie, verdammt, aber heute war ich doch zur Zeit, oder? Einkaufen um fünf Minuten vor Acht geht ja nur, weil ich weiß, wo alles im Laden steht, in fünf Minuten bin ich durch.« Dann lacht er laut und meint: »Fünf nach acht Uhr geht ja nicht.« Ich ergänze: »Da sind ja die Geschäfte schon geschlossen.« Und wieder wird er ernst, packt schimpfend einen kleinen Monitor aus, den er vor einem Jahr gekauft hat, um mir in der Praxis seine Videoaufnahmen von den Reisen durch die Schweiz zeigen zu können.

Heute geht es wieder einmal durch Parkanlagen. Meist umfährt er große Steinplastiken, doch heute wechseln diese mit kurzen Einblendungen junger Frauen ab. Als Lebewesen erschienen bisher fast nur Katzen, selten einmal seine Mutter und als Markenzeichen regelmäßig eine kurze Aufnahme des Kameramanns in einem spiegelnden Medium. Er hat seine Schnittechnik geändert. Ich frage, ob es stimme, daß es zwischen den verschiedenen Sequenzen Zusammenhänge gebe? Ja, es seien Ähnlichkeiten. Nun merke ich, wie einzelne Bildelemente sich gleichen: Frauenplastiken werden von kürzesten Einblendungen von schreitenden und selber fotografierenden Frauen unterbrochen. Bogenförmige Äste wechseln ab mit Türbogen.

Es scheine einen Sinn in den zusammengeschnittenen Sequenzen zu geben, meine ich fragend, worauf er mir überraschen, als sei dies das Selbstverständlichste auf dieser Welt, entgegnet: »Ja, es ist eine Geschichte dahinter, aber die ist nicht für Sie bestimmt!« Es gehen jetzt nur um die Bilder. Und jetzt lenkt er meine Aufmerksamkeit darauf, wie gut getroffen die Abendstimmung doch sei. Abends, da gebe es das beste Licht.

Mir ist klar, daß ich mich heute nicht näher für die »Geschichte« des Films interessieren soll, und da die Sitzung ihrem Ende zu geht, mache ich ihn auf die fortgeschrittene Zeit aufmerksam. Gleich gebe es ein »Fading«, das Bild verblaßt, er stellt die Kamera weg, packt seine Sachen zusammen, überprüft einige Male, ob er alles bei sich hat, und steht auf. »Katzenzeugs« murmelt er, macht eine Bewegung wie eine sich putzende Katze, scheint in Gedanken schon weit weg und gibt mir abwesend, ähnlich wie bei der Begrüßung, beim Rausgehen, abgewandt die Hand, läßt die Tür weit offen und schaut sich beim Verlassen meiner Praxis nicht mehr um.

Die Sitzungen mit dem Katzenmann hinterlassen bei mir immer wieder große Zweifel. Zwischen uns hat sich eine sehr spezielle Beziehung etabliert, die er fast völlig kontrolliert und bestimmt. Nur selten einmal läßt er mir die Möglichkeit zu intervenieren, meist in Form von spiegelnden Anmerkungen und Fußnoten. Wohl ist er wieder imstande, sein Leben selber zu organisieren, und hat sich seine Lebensqualität auch subjektiv verbessert, wohl empfindet er sich nicht mehr als Müll, der entsorgt werden muß, dennoch hat er den Schritt aus seiner Isolation bisher nicht gewagt.

Klaus Wilde

Kommentar zu
»Gemeinsame Chronifizierung?«

Dr. Schneider schildert eine prekäre, extrem bedrohte Balance zwischen Leben und Nicht-Leben, zwischen Tag und Nacht. Zuviel Tag, so macht sein Patient klar, vertrage er nicht. Er scheint ein Leben im Schatten oder der Dunkelheit zu führen, er verläßt seine Wohnung vorwiegend nachts, um mit seiner Videokamera zu filmen, die Filme sieht er sich dann wieder in der abgedunkelten Wohnung oder zusammen mit Dr. Schneider an. Dieser fühlt sich benutzt, er weiß nicht so recht, vielleicht sogar mißbraucht, auf jeden Fall kontrolliert und relativ ohnmächtig. Er fragt in der Überschrift, ob es sich um eine gemeinsame Chronifizierung handle, einen Zustand, in dem es ihm nicht gestattet ist, sich zu rühren, ein paar mehr Bedeutungen und Gedanken einzuführen, etwas mehr Lebendigkeit. Tatsächlich schildert er seine Situation mit dem Patienten in gewisser Weise als im Griff des Todes. Der Patient hat ihm auch gesagt, warum das so sein müsse. Seine Gedanken seien wie tote (mein Einfügung) Laubblätter auf einem Haufen, wenn jemand mit ihm rede, blase ein Windstoß in seinen Kopf. Das heißt, aus Sicht des Patienten bringt Reden seine Ordnung der toten Dinge in ihm, seinem Kopf, durcheinander; das scheint gefährlich und bedroht ihn extrem. Aber, muß man sich fragen, warum kommt er dann zu jemandem, der versuchen wird, mit ihm zu reden. Ich vermute, weil er die endlose Qual durch die ihn bedrohenden toten Objekte (die Laubblätter) kaum noch aushält. Und so kommt es dazu, daß er alle 14 Tage kommt, um in gewisser Weise Dr. Schneider zu quälen. Er bringt ihn nicht um, quält ihn jedoch, für mein Gefühl, sehr geschickt.

Er ist umständlich in einem Ausmaß, daß Dr. Schneider mit seiner Ungeduld kämpfen muß, damit beginnt die Qual. Dann erwähnt er ein »Shining«, aber nichts wird hell, vielmehr hat er einen Wutanfall, weil er mit seinem Rucksack und seinem Notizbuch nicht gleich klarkommt. Da taucht die Ungeduld des Patienten auf, die Dr. Schneider vorher bei sich wahrnahm. Die Wut vergiftet den geplanten, vorher überlegten Ablauf, er verliert den Faden. Durch den gelassenen Kommentar, »verdammt ärgerlich«, kann Dr. Schneider dem Patienten helfen, den Faden wiederzufinden. Der Patient erkennt kurz darauf die Begrenztheit der Zeit mit Dr. Schneider an, ohne davon allzusehr aus dem Gleichgewicht zu geraten, »Fünf nach acht Uhr geht ja nicht.« Das Bedeutungsvollste aus Sicht des Patienten komm gegen Ende der Stunde, er führt seinen Videofilm vor. Es bleibt dadurch kaum Zeit, das Gesehene wirken zu lassen und zu kommentieren. Dr. Schneider ist sehr vorsichtig, weiß nicht, wieviel er sagen darf, bis er schließlich die Antwort erhält: »Ja, es ist eine Geschichte dahinter, aber die ist nicht für Sie bestimmt.« Für wen denn sonst, möchte man fragen. Es ist, als ob der Patient in seinen Mitteilungen über sich selbst schon viel zu weit gegangen sei und jetzt den, für den sie bestimmt sind, zurückstoßen muß. Er schneidet Dr. Schneider die Bedeutung ab, die er hat, er versucht ihn abzulenken auf die Abendstimmung. Er behandelt Dr. Schneider wie ein Wesen, dem er einen Köder vorhält, den er entzieht, sobald dieses Wesen sich darauf zubewegt. So kontrolliert und quält er ihn, indem er versucht, ihn nicht wirklich in Funktion treten zu lassen. So wird Dr. Schneider aus Sicht des Patienten zu einem halbtoten Objekt, von dem sich der Patient zugleich bedroht fühlt und das er deshalb weiter in Kontrolle halten muß. Ein circulus vitiosus, der ihn beherrscht. Er sammelt Aspekte von ihm, die er ordnet, aufschichtet zu einem Haufen toter Blätter in seinem Inneren.

Mit seiner Sehnsucht nach einer Frau geht er scheinbar ähnlich um. Zunächst sind es Frauenplastiken, die er filmt, Abbilder, dann schreitende Frauen und fotografierende Frauen. Er versucht, sie auf sein Filmmaterial zu bannen, in gewisser Weise, sie sich einzuverleiben. Werden sie lebendiger, tun sie dasselbe wie er, sie fotografieren, könnten ihn bannen. Er versucht so, seine Sehnsucht in Kontrolle zu halten, sie darf nicht leben, aber auch nicht ganz sterben.

Sein Ideal, das er nicht leben kann, ist die Katze, sie repräsentiere für ihn vollkommene Unabhängigkeit, so Dr. Schneider. Die Katze ist jedoch auch die, die mit der Maus spielt. Sie entscheidet über deren Leben und Tod. Und so scheint er Dr. Schneider als eine überlegene, sich selbst genügende Katze zu verlassen, während er in seinem Film, er selbst als Kamaramann in einem spiegelnden Medium, einen Hauch von Verlorenheit, Einsamkeit und Schmerz mitzuteilen scheint, der nicht kommentiert werden durfte.

Was Dr. Schneider als gemeinsame Chronifizierung beschreibt, ist aus meiner Sicht Ausdruck des Todestriebes, eine destruktive Regung, die nicht umbringt, sondern leblos macht und quält. M. Feldmann hat auf diesen Aspekt des Todestriebkonzepts hingewiesen in einem bis jetzt unveröffentlichtem Manuskript »Death instict revisited«. Feldmann argumentiert, der Todestrieb könne sich nur dann entfalten und Befriedigung verschaffen, wenn er seine Objekte quäle, leblos mache, lähme, ihnen die Denkfähigkeit nehme, nicht aber, wenn er sie total umbringe. Äußerst schwer erträgliche und schwer veränderbare Übertragungsbeziehungen entstünden daraus.

Dr. Schneiders Schilderung seiner Situation mit seinem Patienten ist berührend. Das liegt für mich an der beschriebenen extremen Zerbrechlichkeit der Beziehung zu seinem Patienten, der Dr. Schneider sensibel Rechnung trägt. Die Situation ist voller Angst vor einem Aufgeben des Patienten, was eine Verschlechterung seines Zustands nach sich ziehen würde, vielleicht auch seinen Suizid. Zugleich scheint mir, der Patient schont nicht nur sich, wenn er nur alle 14 Tage kommt, er schont auch Dr. Schneider, von dem er annehmen muß, der könne eine intensivere Beziehung, wie er selbst, nicht ertragen, die Qual werde zu groß.

Ich habe deshalb den Eindruck einer sinnvollen, Leben erhaltenden Arbeit, die Dr. Schneider betreibt. Von weiterem Interesse wäre für mich, wie die Bezahlung geregelt ist. Kann der Patient Dr. Schneider bezahlen und auf diese Weise eine hilfreiche Arzt-Patient-Beziehung anerkennen?

■ INFORMATIONEN

Rezension

Wolfgang Loch/Helmut Hinz (Hg.) (1999): Die Krankheitslehre der Psychoanalyse. Allgemeine und spezielle psychoanalytische Theorie der Neurosen, Psychosen und psychosomatischen Erkrankungen bei Erwachsenen, Kindern und Jugendlichen. 6., vollständig überarbeitete und erweiterte Auflage, Stuttgart/Leipzig, S. Hirzel Verlag, 431 Seiten.

Es handelt sich um ein recht interessantes Lehrbuch, das besonders geeignet ist, ausführlich und differenziert in das psychoanalytische Denken und Handeln einzuführen und psychoanalytische Krankheitsmodelle verständlich zu machen. Hervorzuheben ist auch der Umstand, daß es mit den ergänzenden Erweiterungen gegenüber früheren Auflagen gelungen ist, das gesamte Spektrum der psychoanalytischen Krankheitslehre zu erfassen.

Der Grundriß der psychoanalytischen Theorie von Wolfgang Loch und Helmut Hinz ermöglicht es dem Leser, sich auf hohem theoretischem Niveau mit den konzeptuellen Grundlagen der Psychoanalyse vertraut zu machen. Hermann Roskamp und Klaus Wilde setzen dies mit ihrer Darstellung der Grundzüge der Neurosenlehre, der eigentlichen klassischen psychoanalytischen Krankheitslehre, fort, die vorbildlich vermittelt wird. Bei der Klassifizierung der Krankheitsbilder wäre noch ein Kapitel über Depression zu ergänzen. Neben dem interessanten Beitrag über die Narzißmustheorie von Freud und Klein könnte noch das Narzißmuskonzept von Kohut hinzugefügt werden.

Ungewöhnlich und besonders begrüßenswert ist das Kapitel von Peter Kutter und Thomas Müller über die Psychoanalyse der

Psychosen und Persönlichkeitsstörungen. Die Psychodynamik der schizophrenen und affektiven Psychosen wir unter Einbeziehung aller wesentlichen psychogenetischen und familiendynamischen Aspekte und sämtlicher wichtiger theoretischer Ansätze ausführlich diskutiert. Es werden unter diesem Blickwinkel nicht nur verschiedene Formen der Schizophrenie und der Depression differenziert, sondern auch die präpsychotische Persönlichkeit beschrieben. Die Persönlichkeitsstörungen sind ebenfalls vollständig berücksichtigt, einschließlich Perversion, Delinquenz und Sucht.

Das Kapitel über die Bedeutung der Psychoanalyse für die psychosomatische Medizin ist von Wolfgang Wesiack kompetent und anschaulich verfaßt. Es eignet sich gut als übersichtliche Einführung in dieses umfangreiche Gebiet und enthält die wichtigsten psychosomatischen Theorien und Krankheitsbilder.

Abgeschlossen wird dieses sehr empfehlenswerte Lehrbuch durch die schöne Übersicht von Alex Holder über die psychoanalytische Krankheitslehre bei Kindern und Jugendlichen, mit der dieser so wichtige und oft zu kurz kommende Bereich mehr in das Gesichtsfeld von Analytikern und Analytikerinnen rückt, die schwerpunktmäßig Erwachsene behandeln. Der entwicklungspsychologische Teil stellt überdies auch eine Ergänzung der anderen Kapitel dar.

Frank Schwarz

Rezensionsvorschläge

Anderson, Robin (Hg.) (1993): Clinical lectures on Klein and Bion. London, Routledge.

Rosenfeld, David (1992): The Psychotic Aspects of the Personality. London/New York, Karnac Books.

Segal, Hanna (1992): Wahnvorstellungen und künstlerische Kreativität. Ausgewählte Aufsätze. Stuttgart, Klett-Cotta (Originalausgabe 1981).

Steimer-Krause, Evelyne (1996): Übertragung, Affekt und Beziehung. Theorie und Analyse nonverbaler Interaktionen schizophrener Patienten. Bern/Frankfurt a. M., Peter Lang.

Volkan, Vamık (1995): The Infantile Psychotic Self and other Difficult Patients. Northvale/London, J. Aronson.

Klassiker

Alanen, Yrjo O. (1997): Schizophrenia. Its Origins and Need-Adapted Treatment. London, Karnac.

Bychowski, Gustav (1952): Psychotherapy of psychosis. New York, Grune and Stratton.

Pao, Ping-Nie (1979): Schizophrenic disorders. Theory and treatment from a psychodynamic point of view. New York, Int. Univ. Press.

Die letzte Seite

Eingangs dieser Stunde war eine atemlose Spannung entstanden. Diese Gelegenheit nutzten Sie, um Ihrem Patienten seine Erkrankung einmal ausführlich zu erklären. Flink und geschmeidig stellten Sie den aktuellen Stand der Forschung dar. Ihre Ausführungen mündeten – und das war gar nicht unelegant – in der Bemerkung, daß auch er sein Leben trotz aller ungünstiger Bedingungen ganz gut bewältige.

Ihr Patient hatte sich das alles schweigend angehört. Dann wurde er unruhig, begann mit den Füßen zu scharren und hörbar zu schnauben. Irgendwie war plötzlich alles nicht mehr so gemütlich. Sie gaben noch ein paar genetische Deutungen und teilten ihm abschließend Ihre Urlaubstermine mit.

Daß er mit Ihrer stützenden Intervention so wenig angefangen hatte, empfanden Sie zunächst als undankbar, konnten es sich aber später mit seiner Ich-Schwäche erklären.

Die Autorinnen und Autoren

Elisabeth Aebi, Dr., Dipl.-Psych., ist Psychoanalytikerin in eigener Praxis in Bern.

Alexander Behringer, Dr. med., ist Psychotherapeut in eigener Praxis in Berlin.

Stavros Mentzos, Prof. em. Dr. med., Psychiater und Psychoanalytiker; bis 1995 leitete er die Abteilung für Psychotherapie und Psychosomatik im Klinikum der Universität Frankfurt/Main.

Hans-Rudolf Schneider, Dr. med., ist Facharzt für Psychiatrie und Psychotherapie in Zürich.

Evelyne Steimer-Krause, Dr. rer. nat., ist Psychoanalytikerin in eigener Praxis in Saarbrücken.

Annette Streeck-Fischer, Dr. med., Ärztin für Kinder- und Jugendpsychiatrie, Psychoanalytikerin, ist Chefärztin der Abteilung Klinische Psychotherapie bei Kindern und Jugendlichen am Niedersächsischen Landeskrankenhaus Tiefenbrunn bei Göttingen.

Klaus Wilde, Dr. med., ist Psychoanalytiker in eigener Praxis in Stuttgart.